- 东莞市教育科研2021年度专项课题"数据'赋能'与'释能'融合的生命课堂模式研究与实践"（课题编号：2021PZZX21）研究成果
- 东莞市教育科研"十四五"规划2021年度课题"劳动教育课程开发在德育中的实践研究"（课题编号：2021GH111）研究成果
- 东莞市教育科研"十四五"规划2022年度课题"基于课堂教学数据分析，精准实施小学学科分层作业的实践研究"（课题编号：2022GH_126)研究成果
- 东莞市教育科研2022年度专项课题"基于'四重维度'实施劳动教育校本课程的实践研究"（课题编号：2022LDZX27）研究成果
- 东莞市教育科研"十四五"规划2023年度课题"小学'花艺世界'劳动跨学科课程的开发与实施研究"（课题编号：2023LDZX004）研究成果

阳光教育 青少年五感体验项目化劳育课程

林彩凤　廖　文／著

赖嘉容／绘

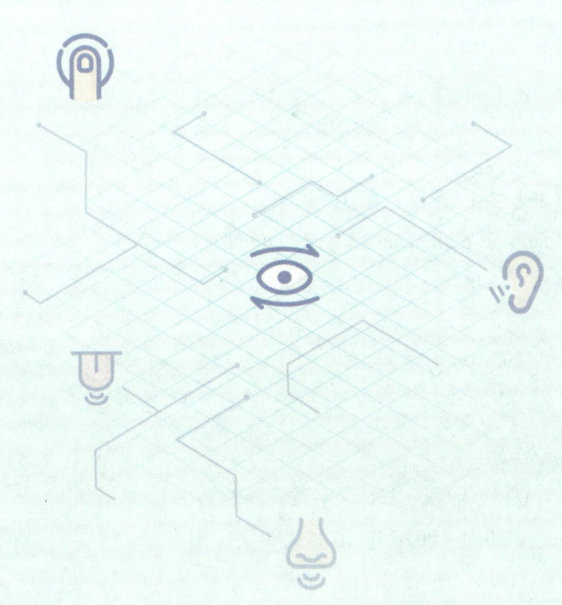

华南理工大学出版社

·广州·

图书在版编目（CIP）数据

青少年五感体验项目化劳育课程 / 林彩凤，廖文著；赖嘉容绘 . -- 广州：华南理工大学出版社，2024.10. -- ISBN 978-7-5623-7792-4

Ⅰ. G623.92

中国国家版本馆 CIP 数据核字第 202444S45N 号

QINGSHAONIAN WUGAN TIYAN XIANGMUHUA LAOYU KECHENG
青少年五感体验项目化劳育课程
林彩凤　廖文　著　　赖嘉容　绘

出 版 人：房俊东
出版发行：华南理工大学出版社
　　　　　（广州五山华南理工大学17号楼，邮编510640）
　　　　　http://hg.cb.scut.edu.cn　　E-mail: scutc13@scut.edu.cn
　　　　　营销部电话：020-87113487　87111048（传真）
策划编辑：吴翠微
责任编辑：张晓婷
责任校对：梁晓艾
印 刷 者：广州一龙印刷有限公司
开　　本：889mm×1240mm　1/16　印张：12.5　字数：262千
版　　次：2024年10月第1版　印次：2024年10月第1次印刷
定　　价：55.00元

版权所有　盗版必究　　印装差错　负责调换

编委会

主　　任　林彩凤　廖　文

副 主 任　戴红英　黄梓晴　谢　沂
（以姓氏拼音为序）

编　　委　陈　颖　李小莲　廖国生　罗东炎　沈　萍　童舒谣　王　仙
（以姓氏拼音为序）　王悦霞　吴开爽　叶莲肖　叶少霞　张　艳　张之怡　钟馥妃

设　　计　赖嘉容

顾问单位

华南师范大学教师教育学部未来学习空间研究中心
华南师范大学劳动教育研究中心
广东省社会科学研究基地粤港澳大湾区教师教育与教师发展测评研究中心
广东省普通高校人文社科重点研究基地华南师范大学基础教育与教师教育研究中心
广州道尔顿教育科学研究院
广州达尔道教育科技有限公司

目 录

上篇：洞察生活之美，探寻心灵奇旅 /001

小书桌，大变身——学习整理归纳思维　　002
我的"花花世界"——让课室充满生机　　020
"锦囊妙药"义卖会——制成精巧的中药香囊　　037
厨神争霸赛——体悟精湛厨艺背后的匠心精神　　053

中篇：构建生命关怀，倾听小家大家 /067

有话好好说——举办隆重的家庭会议　　068
塘厦美食保健之道——日常膳食营养管理　　083
小小"达·芬奇"——为老年人设计辅助性家居　　096
手机研新智造赛——体验日常科技的创新　　111

下篇：赓续乡土文脉，传承还看今朝 /131

治木小达人——木文化的创新体验学习　　132
舞出"麒"趣——"舞麒麟"的扎作体验　　145
塘厦品牌形象大使——实时镜头前分享美景　　161
"非遗"联欢奇妙日——塘厦文化展演会策划体验　　176

上篇

洞察生活之美，探寻心灵奇旅

小书桌，大变身
——学习整理归纳思维

书桌是我们学习时的亲密伙伴。一张整洁干净的桌子，不仅能让我们心情舒畅，同时也可以提高我们的学习效率。收纳是一门学问，它可以帮助我们充分利用空间，使物品摆放有序，既便于使用又易于保管。一个条理清晰、整理能力强的人往往能够稳妥地处理事情，协调好生活和学习。我们组建收纳师团队开展整理归纳活动，不仅能使凌乱的书桌变得整齐干净，还能帮助我们养成良好的生活习惯，学会尊重父母的劳动成果，让家庭生活更加健康、有序、舒适。

建立协作共同体

（一）技能点书架

想要成为一名出色的收纳师，我们要具备哪些技能呢？请根据个人技能优势，布置好自己的技能书架，绘制自己的技能饼图吧。

实践能力　　　％
劳动能力　　　％
设计能力　　　％
表达能力　　　％
创新能力　　　％
协调能力　　　％

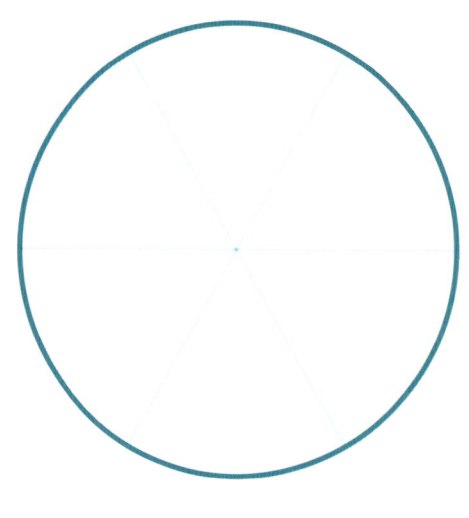
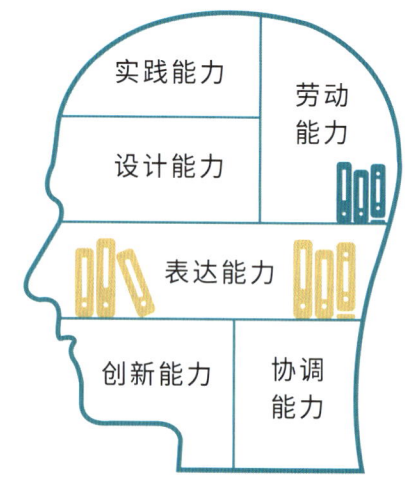

我待学习的领域：_____。我期待为团队_____。

五感素材库：_____（你收集了哪些能给你带来多重感官体验的素材呢？）

（二）组建收纳团队

由 5～6 名收纳师组建团队，共同完成收纳工作。

决策收纳师
_____　　决定团队整理任务　

改造收纳师
_____　　选购整理所需工具　

摄录收纳师
_____　　拍摄收纳过程　

设计收纳师
_____　　绘制书桌设计图　

宣传收纳师
_____　　完成团队宣讲工作　

我的自画像

我是 _____ 收纳师

团队全家福

拍摄时间：_____　　拍摄地点：_____

心情札记　狂喜　愉悦　满意　伤心　生气　_____　_____年___月___日

团队名称

设计理念：

设计元素：

团队口号：

温馨提示
标志设计要体现干净整洁、健康文明等特点。

拍摄一段视频，时间控制在 2 分钟以内，由宣传收纳师宣告团队标志的设计理念、设计人员、设计元素、队伍口号。

（三）团队凝聚力：制定公约

团队名称_____ **团队协议**

要成为一支管理有序、整洁干净的收纳团队，需要遵守基本的团队规则。通过共同商议，我们一致确定以下团队承诺书内容：

· 整理任务：我们承诺严格遵守收纳要求，按计划完成书桌整理。

· 时间管理：我们承诺合理分配书桌整理的时间，有明确的时间意识。

· 冲突管理：我们承诺能镇静面对整理困难，树立团队意识。

· 安全管理：我们承诺注重工具使用，始终确保安全第一。

· 团队精神：我们承诺_____。

· _____：_____。

团队成员签名：

指导老师签名：

日期：

五感素材库：_____（你收集了哪些能给你带来多重感官体验的素材呢？）_____

小书桌,大变身——学习整理归纳思维

开展调研

(一)物品调研

在教室里,书桌是经常和我们见面的"朋友",我们要跟着老师学会整理书桌。在正式整理书桌之前,我们要认识书桌上常见的物品。请回忆一下,日常中书桌上还会出现什么物品?请把物品补充在空框中。

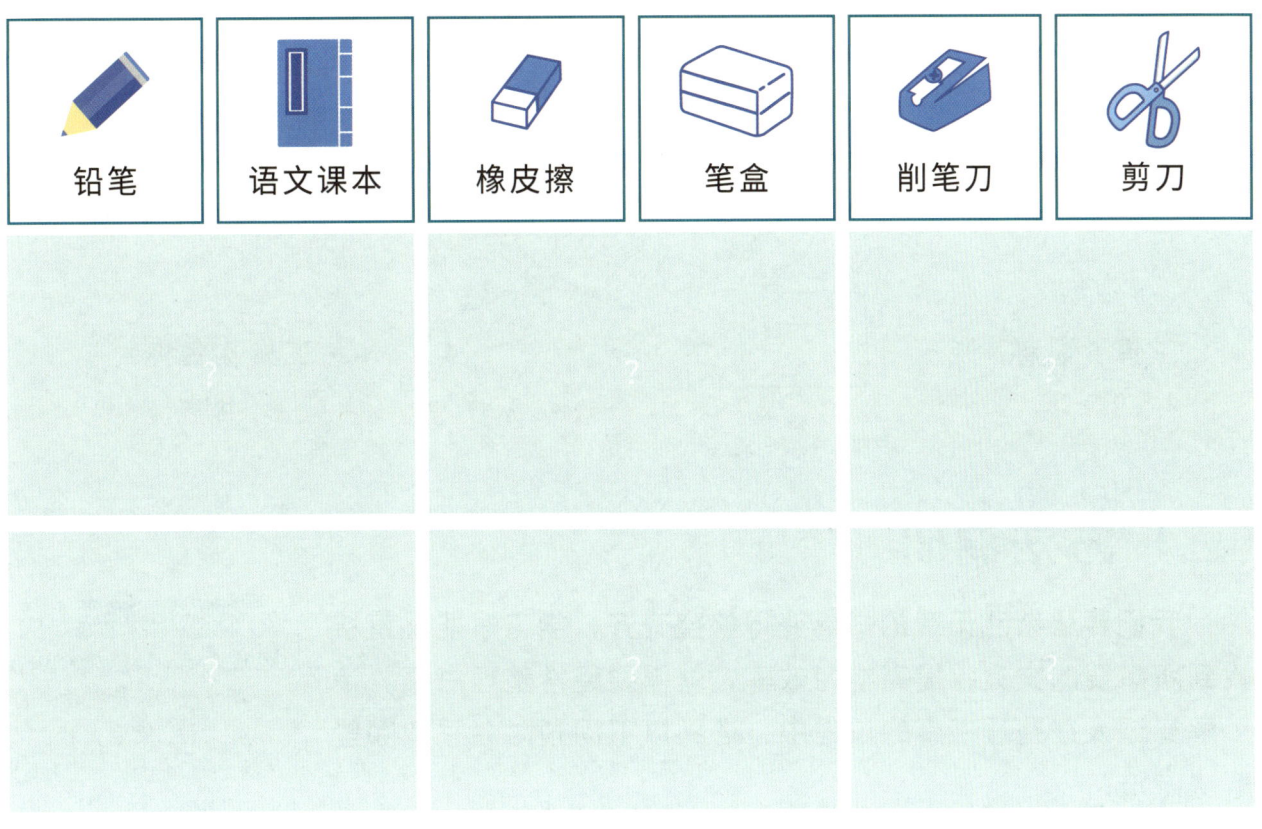

思考一下,以上物品我们会放在书桌的哪个位置?请把物品连线到对应的书桌表面或抽屉处。

桌面:很整齐□ / 很凌乱□(打"√")　　书桌抽屉:很整齐□ / 很凌乱□(打"√")

心情札记　狂喜　愉悦　满意　伤心　生气　_____　_____年___月___日

（二）工具调研

要完成书桌整理，我们还得认识一些整理工具。请你分别用不同颜色的彩笔，通过迷宫小游戏找到这些整理工具吧！请把这些整理工具填涂上你最喜欢的颜色。

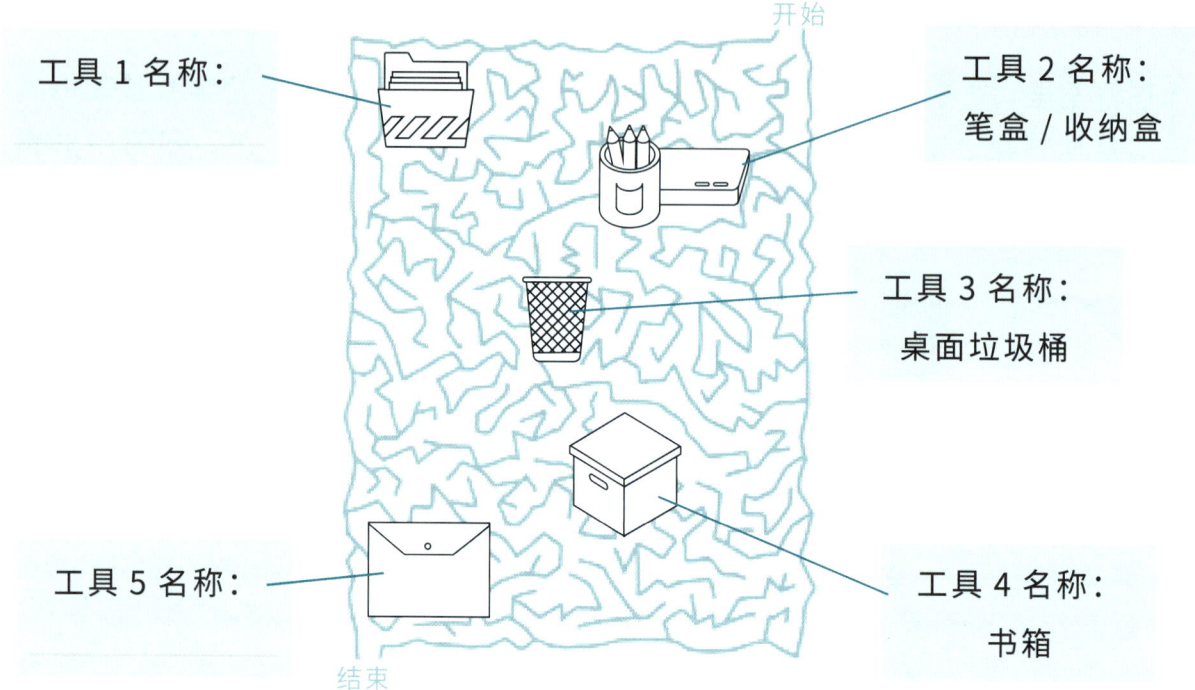

工具 1 名称：

工具 2 名称：笔盒 / 收纳盒

工具 3 名称：桌面垃圾桶

工具 4 名称：书箱

工具 5 名称：

（三）方法调研

我们要让杂乱无章的书桌变得整整齐齐，学习时能够直接找到所需要的文具，提高学习效率，就需要经常整理书桌。请了解身边人在整理书桌的过程中，遇到以下问题时会采取哪些解决方法？

知识加油站
先进先出，物归原处；
定期整理，保持整洁；
分类文档，便于查找。

出现问题
很难找到想要的文具，以及很难在极短时间内找到想要的书

解决方法
物品分类，固定摆放
书籍类：课本、
本子类：笔记本、练习本、
　　　：铅笔、

出现问题
从抽屉深处或者底下拿取物品时，会弄乱放在外面或者上面的物品

解决方法
方法 1：
方法 2：
方法 3：

五感素材库：_____（你收集了哪些能给你带来多重感官体验的素材呢？）

（四）对象调研

用 5 天时间培养自己整理书桌的习惯，并记录这 5 天中你同桌的书桌整理情况。（请填涂星星，1 星代表还要很努力，2 星代表还要较努力，3 星代表一般，4 星代表较好，5 星代表很好。）

我的同桌 _____ 书桌整理情况记录表					
日期	书桌表面整洁情况	书桌抽屉保持整洁情况	使用整理工具情况	整理完成时间	整理评价
星期一	☆☆☆☆☆	☆☆☆☆☆	☆☆☆☆☆	☆☆☆☆☆	☆☆☆☆☆
星期二	☆☆☆☆☆	☆☆☆☆☆	☆☆☆☆☆	☆☆☆☆☆	☆☆☆☆☆
星期三	☆☆☆☆☆	☆☆☆☆☆	☆☆☆☆☆	☆☆☆☆☆	☆☆☆☆☆
星期四	☆☆☆☆☆	☆☆☆☆☆	☆☆☆☆☆	☆☆☆☆☆	☆☆☆☆☆
星期五	☆☆☆☆☆	☆☆☆☆☆	☆☆☆☆☆	☆☆☆☆☆	☆☆☆☆☆

请在下面情况打"√"。

我觉得星期一/二/三/四/五完成收纳情况比较好，因为这天他/她的桌面非常整洁。

我觉得星期一/二/三/四/五完成收纳情况待加强，因为他/她的桌面有点乱。

我觉得他/她的收纳完成情况较好/中等/还要再努力，因为他/她有 1/2/3/4/5 天整理评价达到 5 星。

记录人：_____　　受访人：_____　　记录日期：_____

温馨提示

坚持是一件很酷的事，我们必须要培养自己好的习惯，并且持之以恒地坚持下去。

（五）调研实录

请用视频和照片记录调研过程中的精彩瞬间。

心情札记　狂喜　愉悦　满意　伤心　生气　_____　____年__月__日

设计攻关

（一）我的书桌

让我们通过头脑风暴，完成班级书桌的设计构想。请将书桌设计中会用到的文具物品和整理工具拍摄成照片。

文具物品

整理工具

五感素材库：_____（你收集了哪些能给你带来多重感官体验的素材呢？）_____

小书桌，大变身——学习整理归纳思维

（二）书桌整理顺序

1. 桌面整理

我们一起设计书桌整理顺序，为正式整理做好准备。

步骤1：
自制桌面垃圾桶，及时收集桌面的纸屑、橡皮屑等垃圾。（准备牛奶盒、若干A4/A3彩纸、胶水、彩笔，自制桌面垃圾桶。）

注意：记得要定期清理桌面垃圾哦。

把牛奶盒清洗干净并晾干后，在盒子周围贴上彩纸，绘制自己喜欢的图案。

温馨提示
完整的设计，充足的准备，能够为正式的整理打下坚实的基础哦！

步骤2：
使用抹布擦拭桌面，将纸屑、橡皮屑清理干净。

步骤3：
巧用牙膏擦拭桌面的铅笔和彩笔印记。

2. 分类整理

步骤1：
将学习用品分类（如书籍类、本子类、文具类）。

步骤2：
整理书本时，将大书本放在＿＿面，小书本放在＿＿面。

步骤3：
利用生活中的空瓶和罐子，自制笔筒。

心情札记　狂喜　愉悦　满意　伤心　生气　＿＿＿＿＿年＿＿月＿＿日

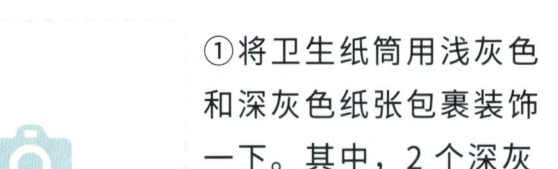

所需材料和工具：卫生纸筒 4 个、手工纸（粉红色、浅灰色、深灰色、白色、黑色）、卡纸、马克笔、尺子、铅笔、胶水、剪刀。

① 将卫生纸筒用浅灰色和深灰色纸张包裹装饰一下。其中，2 个深灰色、2 个浅灰色，间隔排列，粘贴在一起。

② 用不同颜色的纸张，模仿纸样剪出猫头所需的各部位。

③ 用胶水将小猫头部的各部位粘贴好。注意，需要准备两张猫头轮廓，以便粘在一起使之更厚实牢固。

④ 从灰色纸上剪下细长条作为小猫的胡子。

⑤ 将小猫的胡子用剪刀剪成合适的长度，并粘贴在两腮处。

⑥ 画好小猫的嘴巴。

⑦ 将另一张猫头轮廓粘贴在背后，起到加固的作用。

⑧ 粘上小猫的头部。

⑨ 粘上小猫的尾巴。

⑩ 把小猫的脚粘在第二个和第四个纸筒下方。

⑪ 最后将比较厚的卡纸粘在纸筒底部，用剪刀修整。一个可爱的猫咪笔筒就完成啦！

五感素材库：＿＿＿＿＿＿＿＿＿＿（你收集了哪些能给你带来多重感官体验的素材呢？）＿＿＿＿＿＿＿＿

3. 摆放有序

步骤1：在摆放之前先对桌面空间进行合理的规划，分区域摆放书本、文具等学习用品。

步骤2：自制书架，既能节省桌面使用空间，又能快速辨认每一本书。

自制书架

（主要材料：包装纸、纸箱；所需工具：胶水、剪刀）

① 把纸箱盖去掉。

② 画上裁剪线。

③ 沿剪裁线将不需要的部分剪掉。

④ 贴上自己喜欢的贴纸，一个精美的书架就完工啦。

心情札记　狂喜　愉悦　满意　伤心　生气　＿＿＿＿　＿＿＿＿年＿＿月＿＿日

（三）提出合理的议题

适合我们的书桌桌面和抽屉应该是什么样子的？需要包含哪些区域？请你和团队共同商议书桌的设计，合理规划学习区域，并画出设计图为正式整理打下基础。

我的书桌：____取个响亮又好听的名字吧____

区域 1	区域 2	区域 3
学习文具区	课内书籍学习区	课外书籍学习区
区域 4	区域 5	区域 6
本子区	____区	____区

书桌桌面

书桌抽屉

五感素材库：____（你收集了哪些能给你带来多重感官体验的素材呢？）

小书桌，大变身——学习整理归纳思维

直击现场

（一）过程记录

在班级书桌的整理现场，我们看到了各位收纳师出色的表现。请你把自己团队整理书桌的过程通过照片记录下来，总结出自己的整理流程，让书桌保持整洁，让班级变得整洁又明亮。

工具准备　书桌原貌　整理模块1

整理模块4　整理模块3　整理模块2

多次对比

书桌整理完成　合影

心情札记　狂喜　愉悦　满意　伤心　生气　_____　____年__月__日

（二）难关攻克

在整理过程中，你认为最难以完成的书桌整理是哪一部分？你是如何处理这种情况的呢？请运用费曼学习法，通过团队互相学习的方式解决困难，并请用视频或者照片记录下来，让自己更加熟悉书桌整理的方法。

尝试理解概念 → 与人交流，互相学习

↓

尝试讲解概念 ← 发现问题，继续学习

知识加油站

理查德·费曼被认为是爱因斯坦之后最睿智的理论物理学家。他能用简单的语言把复杂的观点表述出来。

费曼学习法的理念：第一步，选择一个你想要理解的概念，明确需要学习和理解的目标并尝试理解这个概念；第二步，向别人传授这个概念；第三步，如果你感觉卡壳了，就回顾一下学习资料；第四步，为了让你的讲解通俗易懂，请用简化的语言来表达。

（三）书桌收纳口诀

通过交流与解决问题，我们进一步完成了书桌整理，掌握了相应的收纳技巧和方法，不妨将这些技巧和方法归纳成简单易懂、朗朗上口的口诀，与团队成员们分享吧。

五感素材库：（你收集了哪些能给你带来多重感官体验的素材呢？）

（四）收纳效果测试

俗话说"眼不见，心不烦"，很多同学在收纳东西时，觉得只要将它们塞进柜子，看不见了就等于收纳完毕；或者完成收纳后，到后期使用时需要不停地翻找，甚至还可能越翻越杂乱，这些情况都称为"无效收纳"。测试一下自己和同学的收纳效果，看看是否会出现"无效收纳"的问题。

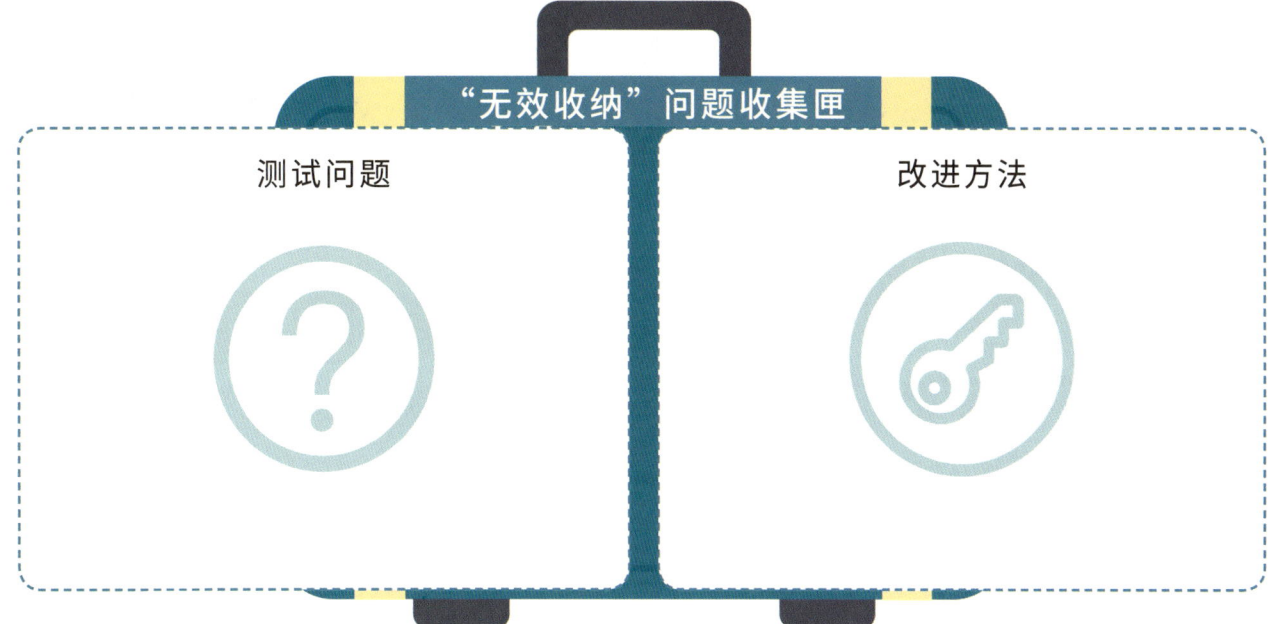

（五）"书桌大变身"竞演现场

为了展示书桌整理成果，我们将在班级举办"书桌大变身"竞演会，请团队与改进收纳效果后的书桌合影，展现焕然一新的收纳效果。

书桌名称：

制作团队：

收纳竞演赛

想要在竞演会上脱颖而出,我们需要将整理书桌的过程及成果尽善尽美地呈现给各位观众。

请选择通过视频 □ PPT □ 小品 □ 照片 □ 图片 □ ＿＿＿＿？＿＿＿＿ 呈现整理收纳过程。（请打"√"）

收纳前	收纳后

竞演稿

尊敬的各位来宾：

　　我是 ＿＿＿＿＿＿＿＿＿＿ 团队的宣传收纳师。在学校里，每天陪伴我们时间最长的就是书桌，但很多同学的书桌都没有整理好。所以，我来给大家分享一下我们团队是如何整理收纳书桌的。

　　在探索过程中，我们的想法来源于 ＿＿。

　　曾经遇到过一些疑问 ＿＿＿。

　　为此，我们的解决方案是 ＿＿。

　　现在，请我的同伴为大家展示整理收纳前后的对比效果。

　　有任何问题欢迎大家举手提出，我们很希望与各位同学进行交流，也希望大家多多支持我们的书桌整理成果。

　　谢谢大家！

温馨提示

有礼的举止、得体的服饰、自信的表达能为你们的竞演加分哦。

五感素材库：＿＿＿＿＿＿＿＿（你收集了哪些能给你带来多重感官体验的素材呢？）＿＿＿＿＿＿＿＿

小书桌，大变身——学习整理归纳思维

大家在观看整理过程的同时要参与投票。请一人投两票，可以投给两个自己喜欢的团队，并把你认为最能代表该团队收纳效果的书桌照片拍摄下来，贴在框里。

奖项	拍照记录	获奖团队
最时尚		
最多功能		
最有创意		
最优雅美观		

心情札记　狂喜　愉悦　满意　伤心　生气　_____　_____年___月___日

奖项	拍照记录	获奖团队
最具学习氛围		
最佳		
最受欢迎书桌	团队，综合票数最多	

· 我认为我未实现的能力是：

· 我认为我基本实现的两个能力是：

· 我认为我比较完善的两个能力是：

· 我认为我极致实现的两个能力是：

· 本期项目学习活动中，我向 _____ 学习到以下三项内容：

五感素材库：_____ （你收集了哪些能给你带来多重感官体验的素材呢？）

小书桌，大变身——学习整理归纳思维

我的体验反思

我的感官雷达图
（调动感官频率越高，分数越高）

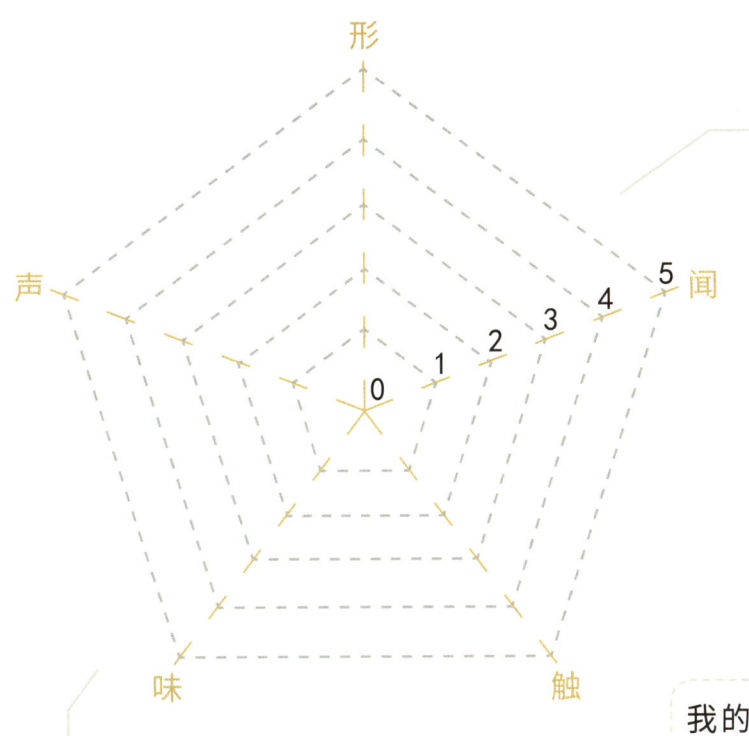

我的感官互动表现：

（1）在 ___感官___ 领域，我 _____

_____。

（2）在 _____ 领域，我 _____

_____。

（3）在 _____ 领域，我 _____

_____。

我获得的美感体验：

（在该项目中，你感受到了怎样的美？是如何感受到的呢？）

我的五感创新：

（1）在 ___感官___ 领域，我做出了 _____

_____的创新。

（2）在 _____ 领域，我做出了 _____

_____的创新。

我的五感学习小结

 一个优点：

 一个缺点：

✖ 一个建议：

➗ 一个困惑：

| 心情札记 | 狂喜 | 愉悦 | 满意 | 伤心 | 生气 | _____ |

_____年___月___日

我的"花花世界"
——让课室充满生机

世界上并不缺少美,而是缺少发现美的眼睛。你是否经常能发现身边的自然之美呢?我们都要学会与自然和谐共处,注重绿色发展理念。自然的美需要用真心去观察,需要用真情去欣赏,需要用方法去栽培。我们生活在充满花和叶的世界里,可以留心观察身边的植物,发现花和叶的美丽,也可以用花叶来装饰课室,使我们能够在"自然课室"里感受大自然的气息,沐浴在知识的清香之中。你是否已经迫不及待了呢?快来装扮我们的花卉课室吧!

建立协作共同体

(一) 点亮我的技能树

想要成为一名出色的花艺师,我们需要拥有哪些技能?请把技能树点满并根据技能点绘制自己的技能数据图表。

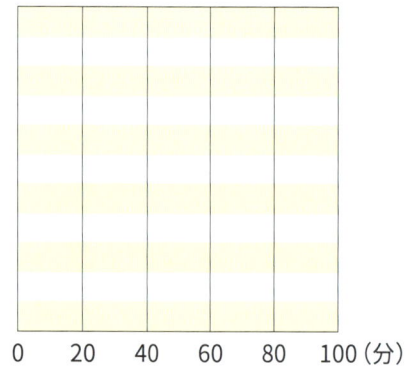

我待学习的领域:_____。我期待为团队_____。

五感素材库:_____（你收集了哪些能给你带来多重感官体验的素材呢?)

（二）组建布置团队

由 5～6 名花艺师组成一个团队，学习花叶知识，共同完成花叶课堂布置。

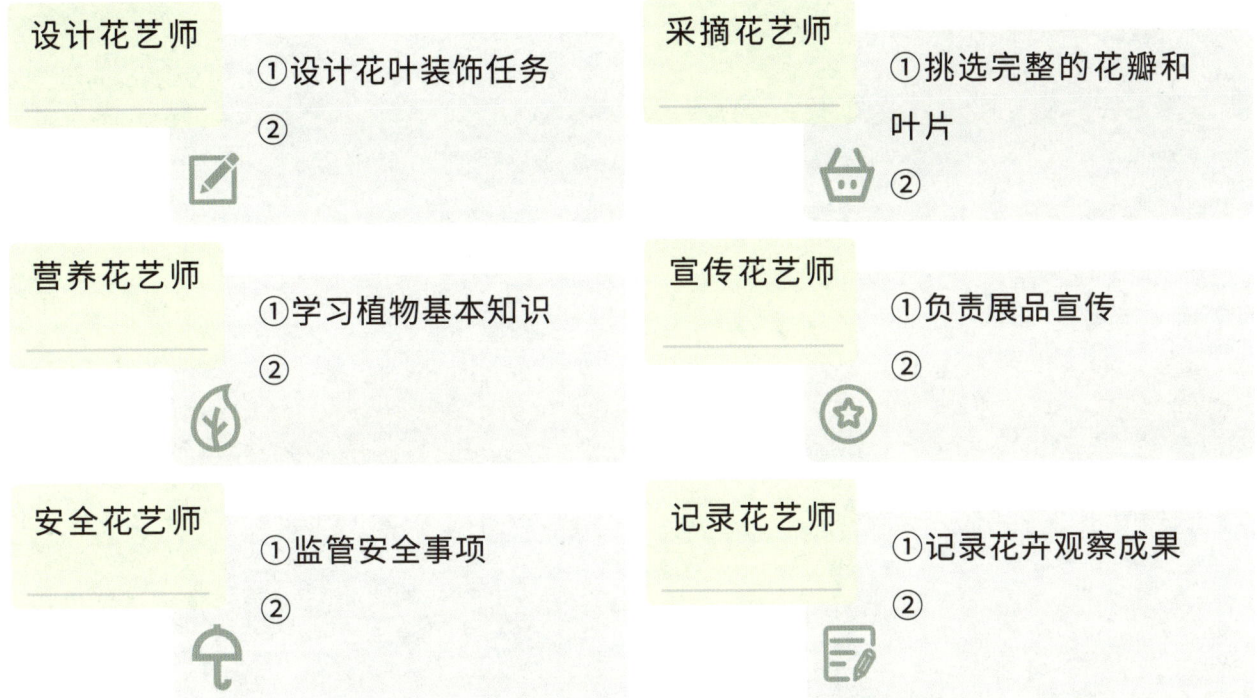

（三）团队文化设计

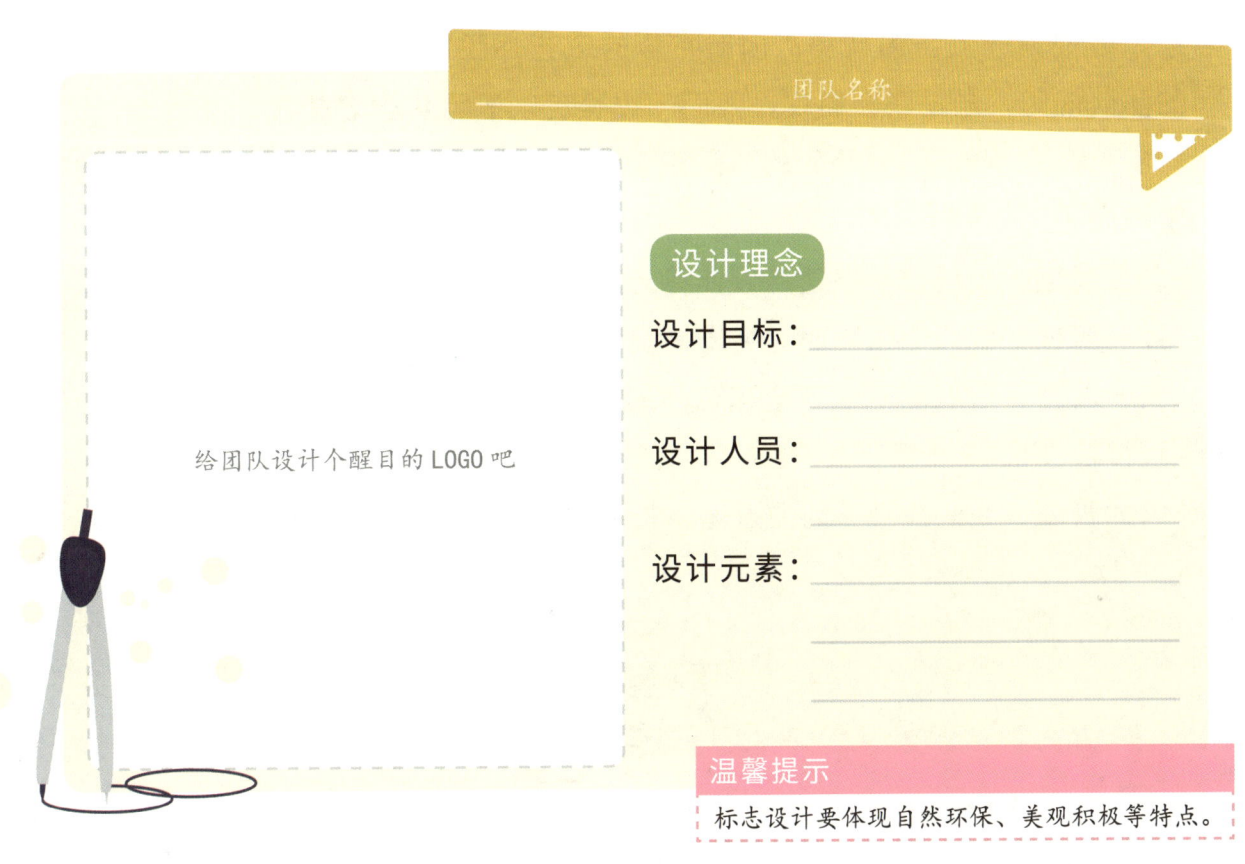

心情札记　狂喜　愉悦　满意　伤心　生气　＿＿＿＿　＿＿＿年＿＿月＿＿日

团队全家福

（四）团队承诺书

团队名称　　　　**团队承诺书**

　　要成为一支装饰精美、创新有趣的花艺师团队，我们需要遵守一些基本的团队规则，通过联合商议，我们一致确定以下团队承诺书内容：

· 时间管理：我们要有明确的时间观念，在规定时间内完成自然观察，回到指定地点。

· 任务管理：我们要严格遵从设计花艺师的要求，完成自然观察任务。

· 冲突管理：我们能镇静面对突发情况，树立服务意识和团队意识。

· 安全管理：我们能听从安全花艺师的安排，在观察过程中注意安全，小心使用材料，保证安全至上。

· 行为管理：我们在观察时要遵循保护环境的原则，不能破坏生态和植物。

· ＿＿＿＿：＿＿＿＿＿＿＿＿＿＿＿＿＿＿＿＿＿＿＿＿＿＿＿＿＿＿＿＿＿＿＿。

　　　　　　　　　　团队成员签名：
　　　　　　　　　　指导老师签名：
　　　　　　　　　　日期：

开展调研

（一）物候调研

花卉形态各异，姿态万千；叶片绿意盎然，生机勃勃。让我们一同到户外欣赏花叶，把捡到的叶片、花瓣贴在植物观测记录表上。注意不要随意摘取花叶，要遵循保护环境的原则。

世界上没有完全相同的两片叶子。请从每个季节中选取一个节气，并选择一根植物枝条（其上叶子不少于3片），观测同一根枝条上的叶片在不同节气时，它的颜色、大小、形状会发生哪些变化，分析植物在不同时间的生长状态。注意观测植物时，宜选择同一个观测地点进行观察，不要轻易更换哦。

植物观测记录表

观测人：_____　　记录时间：_____

贴花叶处	贴花叶处	贴花叶处

颜色：_____　颜色：_____　颜色：_____
形状：_____　形状：_____　形状：_____
特别之处：_____　特别之处：_____　特别之处：_____

颜色：　绿色　　黄色　　红色　　灰色　　?

形状：　水滴形　圆形　心形　鸭掌形　扇形　?

心情札记： 狂喜　愉悦　满意　伤心　生气　_____　____年__月__日

记上表

[找到枝条]

植物名称：_____

所处地点方位：_____

春天节气 惊蛰

[叶片1] [叶片2] [叶片3]

颜色：_____	颜色：_____	颜色：_____
大小：_____	大小：_____	大小：_____
形状：_____	形状：_____	形状：_____

夏天节气

[叶片1] [叶片2] [叶片3]

颜色：_____	颜色：_____	颜色：_____
大小：_____	大小：_____	大小：_____
形状：_____	形状：_____	形状：_____

五感素材库：_____（你收集了哪些能给你带来多重感官体验的素材呢？）_____

接上表。

秋天节气	叶片1 颜色：_____ 大小：_____ 形状：_____	叶片2 颜色：_____ 大小：_____ 形状：_____	叶片3 颜色：_____ 大小：_____ 形状：_____
冬天节气	叶片1 颜色：_____ 大小：_____ 形状：_____	叶片2 颜色：_____ 大小：_____ 形状：_____	叶片3 颜色：_____ 大小：_____ 形状：_____

通过观察，我发现叶子成长过程中要经过：树枝冒芽→_____。

_____的这一天，我发现这个植物：

① 处于 □发芽阶段 □生长阶段 □开花阶段 □落叶阶段 （打"√"）

② _____

③ _____

（二）气味调研

物体的气味能把我们的思绪带向不同的回忆。请你收集喜欢的叶片和花瓣放在瓶子里，细品"自然"的气味，并向其他"花艺师"介绍自己所收集的叶片和花瓣的气味。

心情札记　狂喜　愉悦　满意　伤心　生气　____　____年___月___日

花 / 叶名称：	花 / 叶名称：	花 / 叶名称：
气味描述：	气味描述：	气味描述：
获得来源：	获得来源：	获得来源：
气味评级：☆☆☆☆☆	气味评级：☆☆☆☆☆	气味评级：☆☆☆☆☆

知识加油站

描述气味的词语有：苦涩、鲜美、醇厚、甜美、辛辣、清香、甘甜、刺鼻、香气扑鼻、芬芳四溢等。

（三）品种调研

小黄花在春天萌芽，夏天绽放；红色玫瑰像燃烧的火焰；紫荆花在风中大方地展现它的美丽……各式各样的花卉组成绚烂缤纷的世界。

请你辨认以下花卉并用对应颜色彩笔上色，同时将花卉图连线至对应的标签或者诗句，可以自行查找资料或者请教家长、老师。

| 东莞的市花 | 花常朝着太阳 | 爱和美的永恒象征 |

| 采菊东篱下，悠然见南山。 | 不经一番寒彻骨，怎得梅花扑鼻香。 | 唯有牡丹真国色，花开时节动京城。 |

五感素材库： （你收集了哪些能给你带来多重感官体验的素材呢？）

（四）调研剪影

请用视频和照片记录观察调研的过程。

设计制作攻关

（一）制作"花花世界"

我们刚刚看到还有很多花叶在地上呢！我们可不能浪费一花一叶，就让我们用这些花叶设计粘贴成喜欢的图画，拼接绘制我的"花花世界"，用于布置课室吧。

材料准备

剪刀、彩笔、胶水、_____

我的制作构想

在户外，我找到了_____片花叶，有_____ 颜色、形状、大小等

_____，我要用这些花叶来制作一

幅画，灵感源自_____

_____，花和叶在这里起到的作

用是_____

_____，我要把这幅画送给_____。

心情札记　狂喜　愉悦　满意　伤心　生气　_____　_____年___月___日

(二) 书中有叶

书中自有黄金屋，书中还可以有一片我们自己制作的叶脉书签，在阅读书本时让它传来淡淡的自然清香。你理想中的书签是什么样子的？它还可以是什么形状和样式的？它除了作为书签，还可以有什么功能？请发挥你的想象力，设计并制作出来。

_____ 多功能书签名称

书签若为平面，请画出正反面；若为立体，请画出三视图

功能：_____

五感素材库：_____（你收集了哪些能给你带来多重感官体验的素材呢？）

接上表

制作过程：

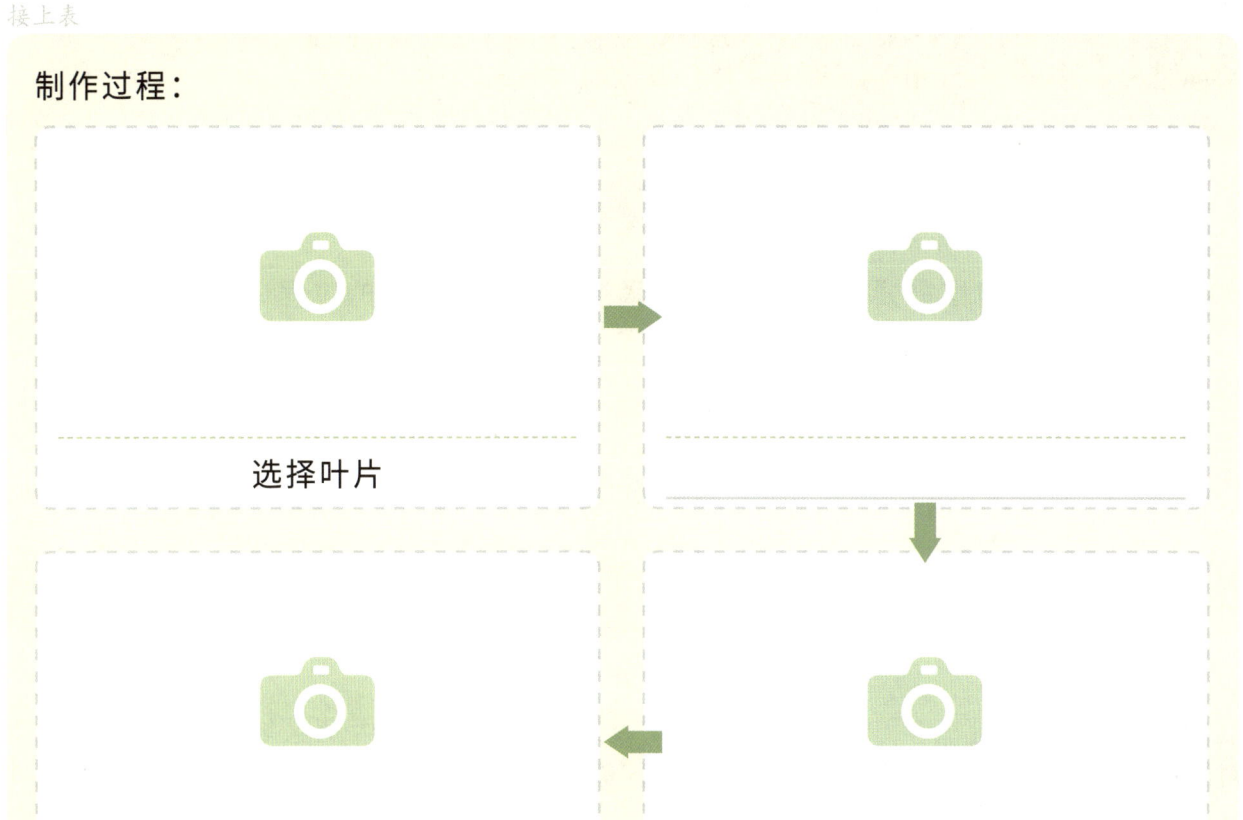

选择叶片

（三）心灵树洞

与自然为友，与花叶为友，你希望对花叶朋友说些什么呢？请准备一张小卡片，贴上你喜欢的花朵或者叶子朋友，在旁边写下你想对这位朋友说的话，可以是生活上的小烦恼，或者是学习上的小困惑。

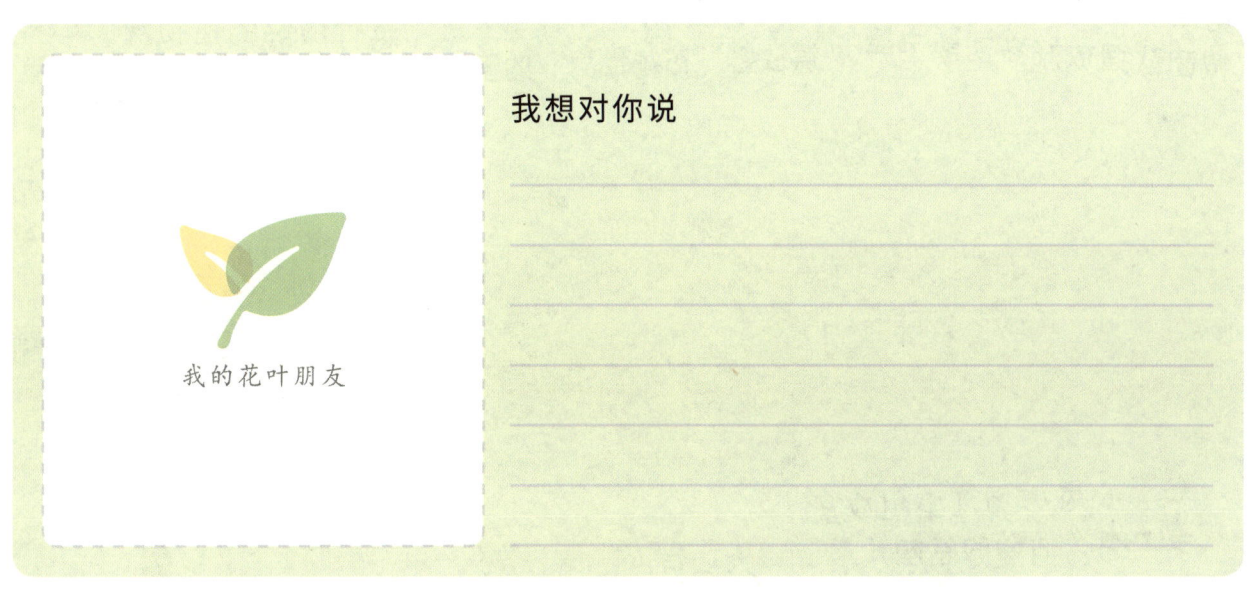

布置花叶课室

（一）流程设计

布置课室的过程需要经历许多环节，请通过照片把美好的过程记录下来。

准备工具材料：胶纸、剪刀、笔、夹子	摆放桌子：每10张桌子拼在一起，分为四块区域	第一块区域：放置气味玻璃瓶，写好简介压在瓶子下方
第四块区域：按团队摆放好多功能书签	第三块区域：摆放好"花花世界"的图画	第二块区域：将打印好的植物观测记录表用夹子夹在一起，放置在桌上
贴上心灵树洞（小组成员写上本次活动的感想）	大功告成	

五感素材库：_____（你收集了哪些能给你带来多重感官体验的素材呢？）

（二）难关攻克

STAR 法则是一种讲述自己故事的方式，具有清晰性、条理性和逻辑性的特点。在布置课室过程中，你遇到了哪些困难呢？请通过 STAR 法则对问题进行回顾梳理。

S（情境）描述你所面临的情境	T（任务）写下所要达到的目的	A（行动）为了解决问题，你采取了什么措施	R（结果）最终得到了怎样的结果
问题① 材料和工具没有准备充分，在实际布置过程中出现不够用的情况	材料和工具充足	统计缺少的材料和工具的种类、数量，及时补充	材料和工具分配合理
问题②			
问题③			
问题④			

心情札记　狂喜　愉悦　满意　伤心　生气　_____　____年___月___日

（三）海报设计

为了让大家更加了解你们团队的装饰内容，请绘制"花叶课室"海报，展示团队的精彩成果。

我的"花叶课室"海报设计

五感素材库：_____（你收集了哪些能给你带来多重感官体验的素材呢？）

花叶课室展览会

为了展示大家的装饰成果，班级举办花叶课室展览会。你会怎样合理安排每个呈现区的布置呢？让我们一起激发创意灵感，将布置摆放的成果以草图的方式画在相应的框内，让课室变得更特别，并和我们的展品合影留念。

花叶课室展览会

植物记录表呈现区

"花花世界"呈现区

自然气味博物馆呈现区

多功能书签领取区

心情札记

 狂喜　 愉悦　 满意　 伤心　 生气　_____　____年__月__日

心灵树洞墙

让宣传花艺师向大家介绍团队用心装饰的布置成果吧。

花叶课室介绍宣讲稿

亲爱的老师和同学：

  我是＿＿＿＿＿＿团队的宣传花艺师＿＿＿＿＿＿＿＿＿＿，我将向大家介绍我们团队在花叶课室里布置的成果。

  首先，在"花花世界"呈现区里，我们团队设计了以下图画（宣传花艺师边拿图画边讲解），每幅图画边上都写着画家的绘画构想。接下来，在植物记录表呈现区里有我们队员细心观察植物的图文记录，我们团队一共观察了＿＿＿＿＿＿＿＿＿＿＿＿＿＿＿＿等植物。接着，我们在自然气味博物馆里放置了装有植物的瓶子，气味评级最高的是队员＿＿＿＿＿＿的瓶子，里面装有 <u>植物名称</u>，散发着＿＿＿＿＿＿＿＿＿＿的味道。请大家随我来多功能书签领取区观赏我们的作品，（宣传花艺师指出团队的作品）书签有＿＿＿＿＿＿＿＿＿＿＿＿＿＿的功能。最后，在心灵树洞墙上有许多我们想对花叶朋友说的话。这些成果都体现了我们团队＿＿＿＿＿＿＿＿＿＿＿＿＿＿＿＿＿的理念。

  以上是我们团队的花叶课室作品展示，希望大家多多支持我们的花叶宝贝呈现。

  谢谢大家！

我的"花花世界"——让课室充满生机

每个成员有五张心形贴纸，请大家把贴纸贴在最喜欢的植物观测记录表、自然气味博物馆、"花花世界"、多功能书签、心灵树洞和花叶课室下面。看看哪个团队能获得"花卉园丁奖"系列奖项。

奖项	评分标准						获奖团队（写上团队名称）
	植物观测记录表	自然气味博物馆	"花花世界"	多功能书签	心灵树洞	花叶课室	
创意设计奖							
最佳合作奖							
细心观察奖							

投票结束后将展览成果（花叶书签、海报介绍等）拿去义卖，并利用 SIPS 模型进行成果评定。

在设计花叶作品时，我认为_____的作品能够引起消费者的注意，因为_____。

未来义卖会上，我们在成果展览中，还希望设置_____的环节让消费者参与其中，加大消费者的购买力度。

我认为自己的_____作品能够让消费者觉得很有价值并愿意购买，因为我的作品价值体现在_____。

我认为义卖会可以采取_____的方式提高消费体验质量，通过_____引导消费者进行二次推广。

知识加油站

SIPS 策略模型，即 Sympathize（共鸣）、Identify（认同）、Participate（参与）、Share&Spread（分享&普及），是一种全面而系统的品牌传播策略。

心情札记　狂喜　愉悦　满意　伤心　生气　_____　___年___月___日

我的体验反思

我的感官雷达图

（调动感官频率越高，分数越高）

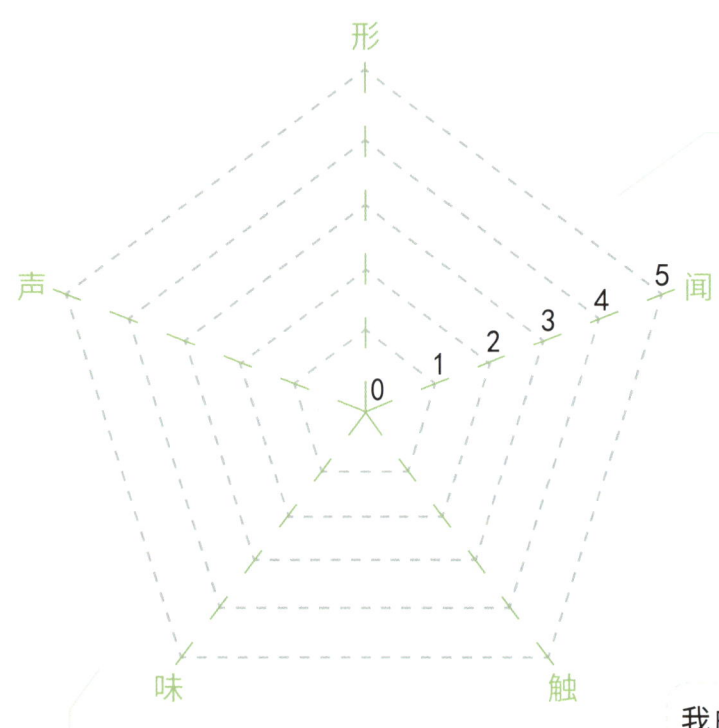

我的感官互动表现：

（1）在 ___感官___ 领域，我 _____。

（2）在 _____ 领域，我 _____。

（3）在 _____ 领域，我 _____。

我获得的美感体验：

（在该项目中，你感受到了怎样的美？是如何感受到的呢？）

我的五感创新：

（1）在 ___感官___ 领域，我做出了 _____ 的创新。

（2）在 _____ 领域，我做出了 _____ 的创新。

我的五感学习小结

＋ 一个优点：

－ 一个缺点：

× 一个建议：

÷ 一个困惑：

五感素材库：_____（你收集了哪些能给你带来多重感官体验的素材呢？）

"锦囊妙药"义卖会
——制成精巧的中药香囊

我国自古就有将药材放置于香囊袋中以预防瘟疫的传统,人们通过呼吸吸入芳香药物的气味或自我感知药物的气息,调和人体气机与阴阳,从而达到防病治病的目的。香囊是一种民间刺绣工艺品,内装带有芳香气味的中草药,不仅能提神驱虫,还能有效预防流感。香囊便携小巧,既适合收藏,也适用于预防疾病。我们可以制作出帮助老人、儿童、孕妇等群体提高免疫能力的中草药"锦囊",参与社区DIY手工坊组织的"中草药香囊慈善义卖会",将义卖所得款项投入防疫慈善事业。你的"锦囊"里又藏着哪些妙药呢?快快展示出来吧!

建立协作共同体

(一)能力锦囊指数

我们将从以下6个方面对自己的能力进行评价与定位,以更加清晰地认识自己的能力闪光点与优势。

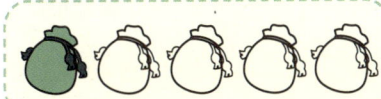
信息采集能力

手工制作能力

设计创新能力

科学分析能力

宣传交流能力

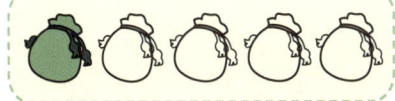
_____能力

我的能力优势:_____。我期待为团队

_____。

心情札记 狂喜 愉悦 满意 伤心 生气 ____ ____年__月__日

（二）组建锦囊妙药团队

从前期调研到中期制作，再到后期义卖，全程都需要有相应的人员来把关和主导，快来选择能够发挥你特长和优势的角色吧！

协调沟通员： 协调事务，化解矛盾，负责沟通与协商，_____。

信息分析员： 调研数据的搜集，_____。

外观设计师： 选择香包布料、样式，_____。

药方调配师： 选择香囊中草药的类型，_____。

演讲推销员： 向社区群众讲述香囊功效，_____。

你来填一下_____：

团队名称

团队理念：

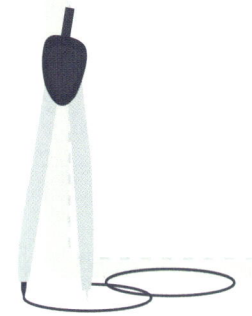

给团队设计个醒目的 LOGO 吧

五感素材库：_____（你收集了哪些能给你带来多重感官体验的素材呢？）

团队全家福

（三）锦囊协议

<u>　　　　　团队名称　　　　　</u>　**团队协议**

　　关于中草药香囊从制作到义卖整个过程的团队协作，我们商定的团队协议如下：

·团队合作：互帮互助，及时沟通，_____。

·目标追求：秉持工匠精神，用心做好香囊，_____。

·创新精神：努力创新，与时俱进，_____。

·制作要求：认真学习中草药知识，不乱用药、不乱配药，要规避使用有毒的中草药。

·态度价值：义卖不以盈利为首要目的，赠人香囊，手有余香，_____。

·　　　　：_____。

团队成员签名：

指导老师签名：

日期：

开展调研

（一）市场调研

在制作研发中草药香囊之前，我们每个人都需要从市面上寻找一个中草药香囊并且向商家了解其配方和功效，为后续的实践创新环节打下基础。

名称：避瘟香囊
配方：藿香 15 克、佩兰 15 克、冰片 6 克、白芷 20 克、艾叶 10 克
功效：预防新冠病毒感染
适用人群（老人／儿童／皆可）皆可
价格：49 元

名称：预防流感香囊
配方：藿香 10 克、艾叶 5 克、苍术 5 克、龙脑少许
功效：预防流感
适用人群：（老人／儿童／皆可）皆可
价格：60 元

名称：驱虫香囊
配方：丁香 5 克、薄荷 5 克、薰衣草 5 克、七里香 5 克
功效：驱除蚊虫
适用人群（老人／儿童／皆可）皆可
价格：30 元

名称：
配方：
功效：
适用人群：（老人／儿童／皆可）
价格：

名称：
配方：
功效：
适用人群：（老人／儿童／皆可）
价格：

名称：
配方：
功效：
适用人群：（老人／儿童／皆可）
价格：

五感素材库：_____ （你收集了哪些能给你带来多重感官体验的素材呢？）

"锦囊妙药"义卖会——制成精巧的中药香囊

（二）药性调研

通过分析小伙伴们搜集的资料，我们发现，香囊中最常用的是以下几种中草药，请补全图中的中草药信息。（注意：需要规避有毒的中草药哦）

藿香
- 入药 | 唇形科植物广藿香或藿香的全草
- 功效 | 化湿醒脾，辟秽和中，解暑，发表
- 性味 | 味辛，性温
- 归经 | 归肺、脾、胃经

苍术
- 入药 | 为菊科植物茅苍术或北苍术的干燥根茎
- 功效 | 化湿药，燥湿健脾，祛风散寒，明目
- 性味 | 味辛、苦，性温、燥
- 归经 | 归脾经、胃经和肝经

艾叶
- 入药 | 为菊科植物艾的干燥叶
- 功效 | 止血药，温经止血，散寒止痛；外用祛湿止痒
- 性味 | 味辛、苦，性温
- 归经 | 归肝、脾、肾经

桂枝
- 入药 | 为樟科植物肉桂的干燥嫩枝
- 功效 | 解表剂，
- 性味 |
- 归经 |

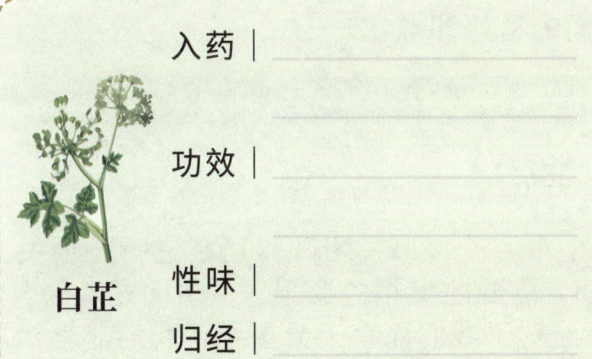
白芷
- 入药 |
- 功效 |
- 性味 |
- 归经 |

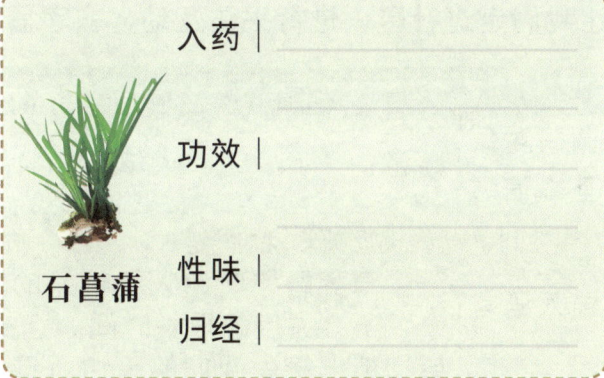
石菖蒲
- 入药 |
- 功效 |
- 性味 |
- 归经 |

粘贴中草药的图片
- 入药 |
- 功效 |
- 性味 |
- 归经 |

粘贴中草药的图片
- 入药 |
- 功效 |
- 性味 |
- 归经 |

心情札记　狂喜　愉悦　满意　伤心　生气　　____年__月__日

（三）外形调研

香囊的制作不仅需要中草药的配方，香袋的缝制也同样重要。提前了解所需材料及工具，能够帮助我们快速制作香囊。（注意：涉及使用针、线、剪刀等尖锐工具时，请在成年人的指导下进行操作）

材料名称	特点	工具名称	功能	使用方法
丝线	大多颜色鲜艳	纱布	①过滤药粉 ②	将药粉灌装入内袋中
丝绸布	顺滑舒适，吸、放湿性好，保暖	针线	①组合香囊各部件 ②	①利用穿孔器穿针线 ②缝制
亚麻布	纹理凹凸，最结实的纺织品	剪刀	①剪碎叶类药材 ②	① ②
		捣碎器	①将材质较硬的药材捣碎 ②	① ②

（四）用户调研

每个人都有自己的审美和偏好，那么人们喜欢什么颜色和功能的中草药香囊呢？让我们走进社区，进行采访互动，去了解人们的喜好和需求。

香囊喜好调研大纲	
调研对象基本信息	姓名：　　　　年龄：　　　性别：
导入语言	您好！我们是　　　　　　　　　　团队，正在进行一项关于中草药香囊使用人群偏好的调研，需要收集相关意见，采访问题4～5个，不会占用您很长时间。您的意见对于我们而言十分重要，我们非常希望您能够接受我们的采访。请问您现在方便接受采访吗？
采访问题	以下是采访问题： ①您最看重中草药香囊的什么药效？ ②您更喜欢香囊的哪些颜色、图案？ ③ ④ ⑤ 采访到此结束，感谢您的回答，祝您阖家幸福、身体健康！

五感素材库：　　　　　（你收集了哪些能给你带来多重感官体验的素材呢？）

"锦囊妙药"义卖会——制成精巧的中药香囊

我们需要对收集到的相关信息进行整理归纳总结,为下一步的设计作准备。

信息总结表

问题	答案	喜爱程度
最看重的药效	预防流感病毒	有_____%的受访者表示他们最看重的药效是_____
喜欢的颜色	红色、绿色	有_____%的受访者表示他们喜欢的颜色是_____ 有_____%的受访者表示他们喜欢的颜色是_____
喜欢的图案		

(五)调研剪影

请用视频和照片记录调研过程中的精彩瞬间。

心情札记 狂喜 愉悦 满意 伤心 生气 　　　　　　____年___月___日

设计攻关

（一）外观巧思

由于香囊正反两面是用彩色丝线绣出各种图案的彩绸，且香囊的大小和形状各不相同，因此，我们需要根据人们的需求，结合自己的创意，设计出具有亮点的香囊外观方案。

设计图（三视图）

需要标注出香囊的尺寸

名称：
设计创意：
颜色 / 质地：　　　　　　　　　图案及寓意：
主打功效：
制作难度：☆ ☆ ☆ ☆ ☆　　　　　价格：☆ ☆ ☆ ☆ ☆

（二）配方研制

同时，我们将走进中医馆，向专业人士请教相关香囊配方，在专业人士的指导下合理搭配药材。（注意：需要规避有毒的中草药哦）

香囊名称 / 功能	配料	重量	功效

五感素材库：_____（你收集了哪些能给你带来多重感官体验的素材呢？）

"锦囊妙药"义卖会——制成精巧的中药香囊

香囊名称 / 功能	配料	重量	功效

香囊名称 / 功能	配料	重量	功效

香囊名称 / 功能	配料	重量	功效

制作过程

（一）香囊制作大闯关

制作香囊包括外观设计、布料剪裁、缝制等步骤。我们需要认真学习，以确保产品顺利完成。每个步骤都是一个关卡，只有通过所有关卡才能完成香囊制作哦！

首先，我们来到准备工作的关卡，让我们开启闯关之旅吧！

心情札记

 狂喜　 愉悦　 满意　 伤心　 生气　 _____　_____年___月___日

 东莞市塘厦镇中心小学 ———— 青少年五感体验项目化劳育课程

| 准备工作 | 精彩瞬间 | 注意事项 |

第一关

准备工作
① 准备材料
② 准备工具
③ 准备中草药
④

精彩瞬间
拍照记录

| 注意事项 | 精彩瞬间 | 药料精加工 |

注意事项
① 叶类药材可以用手揉碎或用剪刀剪碎。
② 避免药粉在倾倒过程中洒出。

精彩瞬间
拍照记录

药料精加工
① 捣碎药材
② 混合药材
③ 将药粉灌装入内袋中
④

第二关

| 裁剪缝制 | 精彩瞬间 | 注意事项 |

第三关

裁剪缝制
① 裁剪布料
② 绣上已选定的图案
③ 缝合两块布料
④ 封口内袋，封口香囊外包装
⑤ 缝制顶端悬挂绳和底部的百结丝线

精彩瞬间
拍照记录

注意事项
① 需要确保两块剪下来的布料形状、大小相同；注意剪刀的安全使用
② 使用针时，要注意安全；不要扎到自己或者他人

制作完毕后，我们小组一致决定把香囊放置于＿＿＿＿＿妥善保存。

五感素材库：＿＿＿＿＿＿＿（你收集了哪些能给你带来多重感官体验的素材呢？）

"锦囊妙药"义卖会——制成精巧的中药香囊

（二）难题攻关

在制作过程中及后续妥善保存香囊的阶段，难免会遇上各种意想不到的困难。我们是如何应对的呢？又是如何解决的？

所遇困难	解决措施
①手动捣碎药材时，发现药材太硬，捣碎不了	①利用破壁机成功捣碎了该药材
②	②
③	③

（三）香囊名片设计

为了能够更好地让大家了解香囊，我们将为每一款香囊做一张专属名片。

香囊名称	
颜色	
图案设计和寓意	
功效	
配方	
	香囊照片
备注	药囊半月一换，可随身携带

社区义卖活动

（一）活动准备

合作社区如期举办"中草药香囊慈善义卖"活动，每个团队都有一个专属的帐篷摊位，我们需要做好充足的活动准备。以下为我们的义卖物料准备清单，每完成一项就打钩"√"。

心情札记　狂喜　愉悦　满意　伤心　生气　_____　____年__月__日

○ 1. 准备好义卖物品，包括香囊和部分赠品，定好物品价格，价格要合理，并贴好标签。

○ 2. 定好义卖组组名，准备好宣传标语。

○ 3. 安排好宣讲推销员、收银员、售货员、记账员、摄影师。

○ 4. 接受以"爱心无限快乐奉献"为主题的十分钟晨会教育：

　　（1）有序：不跑、不追、不挤。

　　（2）守纪：不大声喧哗。

　　（3）文明：不强买强卖。

　　（4）卫生：不乱丢、不留（不留下义卖的垃圾）。

○ 5. _____

（二）中药香囊推荐

老人和儿童一般不了解义卖的香囊，他们想要买到自己心仪的香囊往往需要花费大量时间，因此，我们需要一个宣讲人负责说明香囊的功效和特点，帮助老人与儿童挑选到适合自己的香囊。（各队宣讲人可轮流发言）

> 宣讲稿时长以5分钟为宜，在推荐时结合恰当的情感表达和产品演示会有更好的效果哦。

宣讲稿

各位朋友：

　　大家好！我们是_____义卖组，很开心能在本次义卖活动中与大家见面！我们一共售卖____个香囊，每个香囊都大有作用，请允许我们为大家进行介绍。

　　大家请看我手边的这个香囊，它叫_____，颜色是_____，选用了具有____特点的____布料，布料上绣有_____的图案，寓意是_____。最重要的来了！这个香囊内含_____等中草药，味道____，有____功效，能够满足____的需求。相信您已经心动了吧！

　　接下来介绍的是名为_____的香囊……（依次介绍完手中的香囊）

　　小香囊，大作用。它们携带方便，可以挂在布包上作为挂饰，也可以揣在衣服兜里，还可以_____。

　　听完我们的介绍，相信您心中已经有了选择，快来我们的摊位挑选香囊吧！

五感素材库：_____（你收集了哪些能给你带来多重感官体验的素材呢？）

"锦囊妙药"义卖会——制成精巧的中药香囊

在宣讲的同时,我们展示了各组的宣传标语,请摄影记录员及时做好拍摄工作。

广告宣传标语横幅

心情札记　☺ 狂喜　☺ 愉悦　☺ 满意　☹ 伤心　😐 生气　○ _____　____年__月__日

（三）体验反馈

我们将随机选取 5 名参与义卖活动的群众体验者，请他们对团队香囊进行"1～10 分"的打分，让我们了解群众的反馈意见。

体验者	年龄	产品创新程度	香囊气味舒适度	产品包装精美程度	产品质量	产品功效实用程度
1号						
2号						
3号						
4号						
5号						

（四）一人一票

在大家购买香囊的同时，同学和老师们将以一人一票的评选方式，选出本次义卖活动的最佳小组。

奖项	评分标准（团队成员共同商议补充其他的奖项和标准）	获奖团队
最佳创意奖	①设计有创意性，富有美感 ②色彩搭配和谐 ③	
科学搭配奖	①中草药搭配比例最科学 ②最符合防治流感和增强免疫力的理念 ③	
手巧工匠奖	①缝线整齐，手工精湛 ② ③	
大火热卖奖	①产品销量最大 ② ③	
最佳____	① ② ③	

五感素材库：____（你收集了哪些能给你带来多重感官体验的素材呢？）

我的体验反思

活动结束，相信你一定有许多感悟，请利用"六顶帽子法则"，反思和总结本次义卖活动。

白帽
信息、事实、数据

在研发调研阶段，成员_____展现出良好的信息素养，具体体现在_____。

红帽
感觉、情绪、直觉

本次义卖活动中，我最喜欢_____团队的香囊，因为_____。

黑帽
批评、谨慎

本次活动中，我觉得_____环节还需要改进，改进建议是_____。

黄帽
价值、利益

面对挫折，成员_____一直在鼓励我们解决难题，致力于寻找最有效的解决方案，充分展现出乐观的态度。

绿帽
创意、变革

在团队里，成员_____制作的香囊最有创意，具体表现在_____。

蓝帽
思维、控制

在本次活动中，我还想继续深入学习的内容是_____。

心情札记　狂喜　愉悦　满意　伤心　生气　____　____年__月__日

我的感官雷达图

（调动感官频率越高，分数越高）

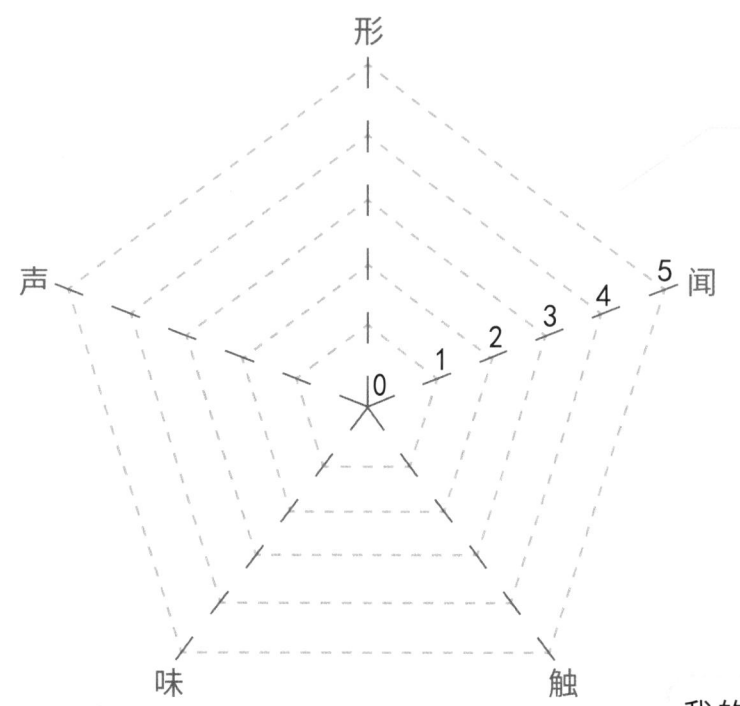

我的感官互动表现：

（1）在 ___感官___ 领域，我

_____

_____。

（2）在 _____ 领域，我

_____

_____。

（3）在 _____ 领域，我

_____

_____。

我获得的美感体验：

（在该项目中，你感受到了怎样的美？是如何感受到的呢？）

_____

_____

我的五感创新：

（1）在 ___感官___ 领域，我做出了

_____ 的创新。

（2）在 _____ 领域，我做出了

_____ 的创新。

我的五感学习小结

➕ 一个优点：

➖ 一个缺点：

✖ 一个建议：

➗ 一个困惑：

五感素材库：_____（你收集了哪些能给你带来多重感官体验的素材呢？）_____

厨神争霸赛
——体悟精湛厨艺背后的匠心精神

　　从小到大，你是否尝试过给家长做一顿简单可口的饭菜呢？当越来越多预制菜、半成品、快餐充斥餐饮市场时，人们开始怀念过去厨师现场炒制的、充满生活气息的美食。一道道美食，其实都是一位位厨师的心血结晶。厨师是味蕾艺术家，他们匠心独运，用世间百味点缀生活，用工匠精神铸就美食艺术。厨师是一个辛苦且需要坚持的职业，我们理应给予厨师更多的关注和肯定，我们可以通过学习塘厦经典美食的制作方法，传承并发扬工匠精神，成为家里独当一面的小厨神。

建立协作共同体

（一）个人技能点

　　你觉得要成为一名合格的厨师，应该具备哪些技能？请根据自己的技能优势，评定各技能点的分值，并填涂以下"技能量杯"。

创新创造能力　　　　　敏捷反应能力　　　　　动手操作能力
　　　　时间管理能力　　　　　　　　　　能力

我的能力优势：_____。我期待为团队_____。

心情札记　狂喜　愉悦　满意　伤心　生气　____　____年__月__日

（二）组建美食厨神团

由 5～6 名同学组成一个美食厨神团，学习烹制地道家乡美食，并参加学校举办的"塘厦私房菜之家的味道"厨神争霸赛。

行政总厨：_____
统筹厨师任务，_____。

厨师长：_____
完成菜品宣传，_____。

出品总监：_____
绘制菜品，_____。

厨师摄录员：_____
摄录烹饪过程，_____。

高级烹调师：_____
研制菜品材料，_____。

你来填一下_____：_____

（三）团队文化设计

团队名称

给团队设计个醒目的 LOGO 吧

设计理念

设计目标：_____

设计人员：_____

设计元素：_____

五感素材库：_____（你收集了哪些能给你带来多重感官体验的素材呢？）

厨神争霸赛——体悟精湛厨艺背后的匠心精神

团队全家福

（四）团队公约

团队名称 _____ 团队公约

  要打造一支团结奋进、成果突出的团队，我们需要遵守一些基本的团队规则，通过联合商议，我们一致确定遵守以下团队公约：

· 任务管理：我们会认真研讨工作计划，严格按照计划要求开展工作，_____
_____。

· 时间管理：我们会合理调配学习和生活时间，提高团队工作效率，_____
_____。

· 冲突管理：遇到矛盾和问题，我们将民主协商，采用_____的
方式解决，_____。

· 安全管理：我们严格挑选安全材料制作玩具；严格按照安全规范使用工具，
_____。

· _____：_____。
· _____：_____。

团队成员签名：_____
指导老师签名：_____
日　　　　期：_____

| 心情札记 | 狂喜 | 愉悦 | 满意 | 伤心 | 生气 | | _____ 年 ___ 月 ___ 日 |

开展调研

（一）方法调研

厨神总有擅长的菜式和烹饪方法，请大家讨论烹饪方法的基本分类、常见菜式和具体操作，并做好归纳总结。

烹饪方法：蒸
常见菜式：蒸鱼、蒸排骨
具体操作：

烹饪方法：煎
常见菜式：
具体操作：

烹饪方法：
常见菜式：
具体操作：

（二）工具调研

好功夫还得仰仗好工具，请你绘出烹饪常用的厨艺器材。

名称：蒸笼
用途：

名称：
用途：

名称：
用途：

名称：
用途：

名称：
用途：

名称：
用途：

五感素材库：_____（你收集了哪些能给你带来多重感官体验的素材呢？）

厨房里怎么少得了各式调料，请你根据生活经验，品鉴烹饪过程中常用的调料。

调料：糖	调料：番茄酱
味道：甜	味道：酸甜
用途：	用途：

调料：蚝油	调料：
味道：	味道：
用途：	用途：

调料：	调料：
味道：	味道：
用途：	用途：

（三）对象调研

请以塘厦镇的一道经典美食塘厦烧鹅濑粉为例，采访美食传承人，学习经典美食的制作流程。

塘厦烧鹅濑粉		
访谈对象		
制作流程	①洗米	
	②舂米	
	③	
	④	
	⑤	
注意事项		

（四）调研剪影

请通过视频和照片，记录在访谈调研过程中的精彩瞬间。

设计攻关

（一）一菜一品

要完成一道美食，其中的工序是不简单的。一道菜实际上是心思、技艺、火候、调料与食材的天时、地利、人和的集大成品。请发挥你的创意和厨艺，通过德鲁克五问，完成一道面向老师、家长、同学的菜品设计。

（1）我选择烹饪的菜式：_____
（2）我选择烹饪的方法：_____
（3）我选择烹饪这道菜的原因：_____
（4）我所追求的菜式特色是：_____
（5）我希望和_____分享这道菜，因为他/她_____
_____。

（二）细心筹备

请通过对技艺的掌握、对工具的了解与对食材的选择和调查，来完成你的菜品设计流程。

五感素材库：_____（你收集了哪些能给你带来多重感官体验的素材呢？）

厨神争霸赛——体悟精湛厨艺背后的匠心精神

所需方法

工具需要

食材选购

最终菜品

（三）选品投票会

在团队内部开展民主投票，选出一款菜品作为小组的参赛作品。然后，请集中所有团队成员的力量，进一步完善小组菜品设计。

菜品名称	营养合理	色泽和谐	香气宜人	滋味纯正	总分（20分）
	☆☆☆☆☆	☆☆☆☆☆	☆☆☆☆☆	☆☆☆☆☆	
	☆☆☆☆☆	☆☆☆☆☆	☆☆☆☆☆	☆☆☆☆☆	
	☆☆☆☆☆	☆☆☆☆☆	☆☆☆☆☆	☆☆☆☆☆	
	☆☆☆☆☆	☆☆☆☆☆	☆☆☆☆☆	☆☆☆☆☆	
	☆☆☆☆☆	☆☆☆☆☆	☆☆☆☆☆	☆☆☆☆☆	
	☆☆☆☆☆	☆☆☆☆☆	☆☆☆☆☆	☆☆☆☆☆	

备注：请大家采用 5 分制，给每一道菜品打分，看看哪道菜的得分最高。

选定作品

参赛作品名称：_____

设计者：_____

菜品创意：_____

菜品优点：_____

改进建议：_____

心情札记　狂喜　愉悦　满意　伤心　生气　_____　____年__月__日

美食制作

（一）流程设计

制作美食的过程涉及多个环节，请通过照片把美好的过程记录下来！

① 选购食材　　② 选购调料　　③ 备菜现场

⑥ 制作步骤三　　⑤ 制作步骤二　　④ 制作步骤一

⑦ 制作步骤四　　⑧ 菜品定型　　⑨ 菜品测评

五感素材库：＿＿＿＿＿＿＿＿＿＿＿＿＿＿＿＿＿＿＿＿＿＿＿＿＿＿＿＿＿＿＿＿＿＿＿＿＿＿
（你收集了哪些能给你带来多重感官体验的素材呢？）

（二）难题攻关

在美食制作的过程中，一定会遇到很多困难。你们团队是如何通过反复练习，成为一代厨神的呢？请通过照片或文字将这个过程记录下来。

（三）美食说明书与评价手册

菜品完成啦！请简单介绍你们团队的美食菜品和分享制作理念。

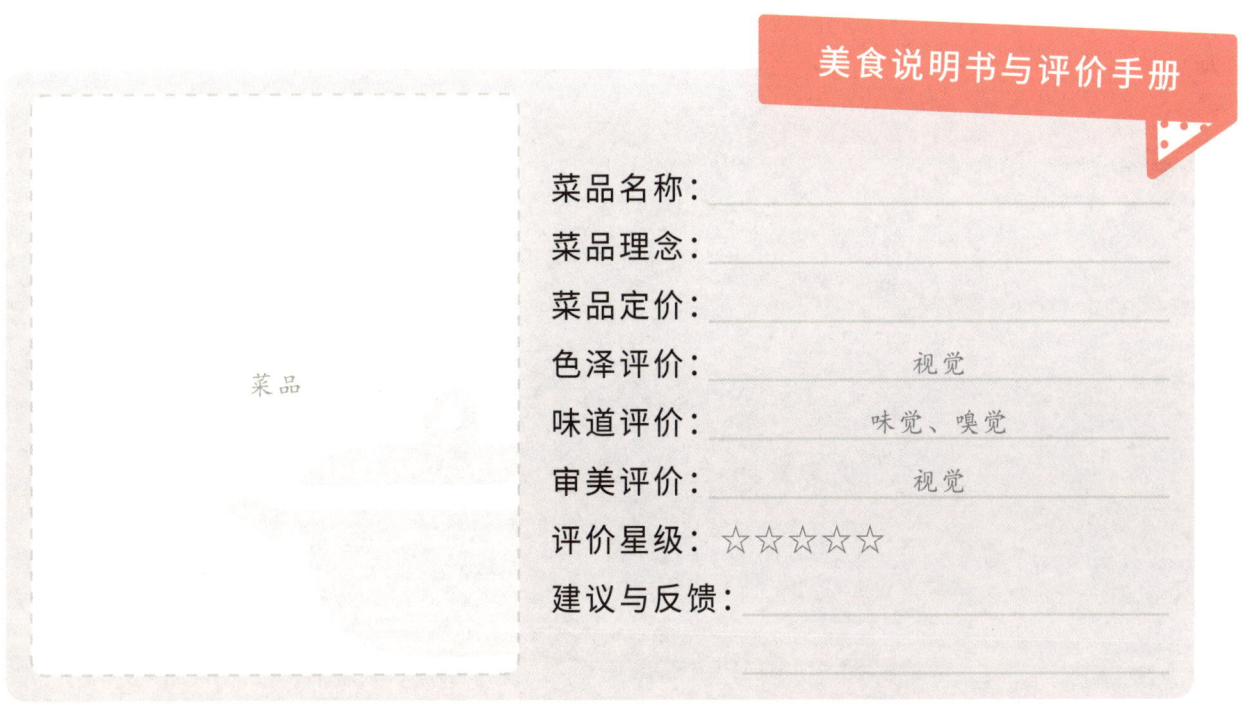

（四）美食制作

把你们的作品分享给家长、老师、同学们，邀请他们品评，提出改进的建议，让你的厨艺更上一层楼吧。

评价人	评价星级	他/她的建议与反馈
家人	☆☆☆☆☆	
邻居	☆☆☆☆☆	
老师	☆☆☆☆☆	
同学	☆☆☆☆☆	
	☆☆☆☆☆	
	☆☆☆☆☆	

五感素材库：_____（你收集了哪些能给你带来多重感官体验的素材呢？）

塘厦厨神争霸赛

要想成为独当一面的小厨神，还需得到更多人的认可。为此，班级准备举办"塘厦私房菜之家的味道"厨神争霸赛。为了吸引更多客人前来品尝，比赛要求团队开设自己的美食摊位，向客人介绍自己摊位的特色菜品并提供试吃机会。摊位开业前，请精心装饰团队的美食摊位、摆放好菜品后合影留念。

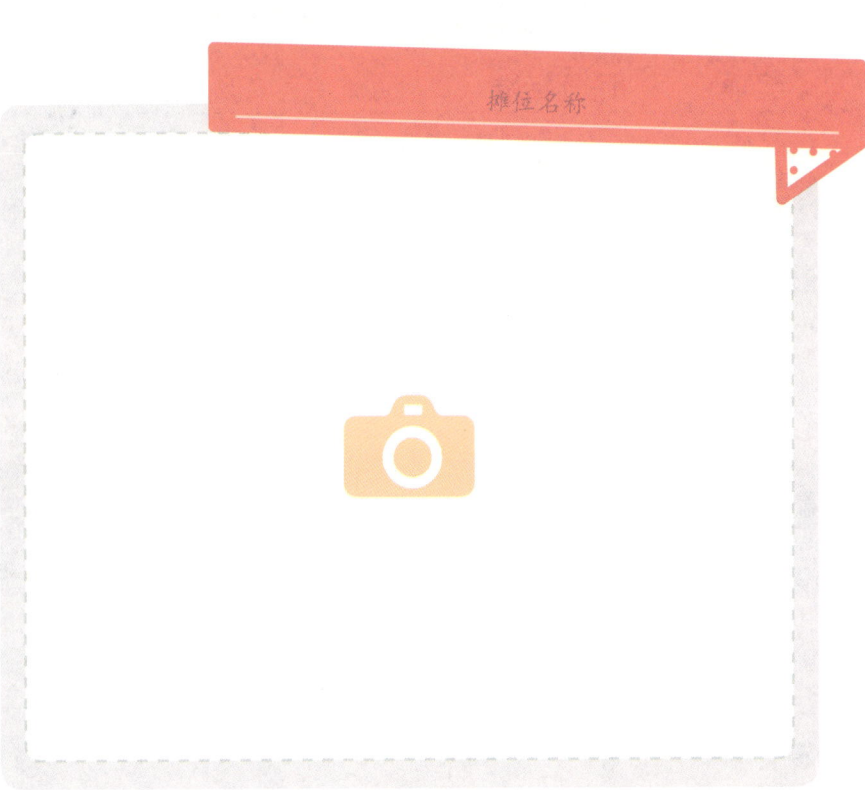

摊位名称

请为美食摊位绘制宣传海报（含宣传语），让你们的摊位更具吸引力。每个团队选派厨师长向各位"食客"介绍菜品，吸引大家为你们团队的菜品投票。

菜品介绍宣讲稿

各位尊敬的食客：

　　我是＿＿＿＿＿＿摊位的厨师长，我今天向大家介绍的是＿＿＿＿＿＿＿＿。这一款菜品的创意来源于＿＿＿＿＿＿＿＿＿＿＿＿＿＿＿＿＿＿＿＿＿＿。在制作过程中，我们团队＿＿＿＿＿＿＿＿＿＿＿＿＿＿＿＿＿＿。有别于其他菜式，我们这款菜品的特色在于＿＿＿＿＿＿＿＿＿＿（色、香、味等）＿＿＿＿＿＿＿＿。现在，欢迎大家品尝。

　　希望大家多多支持我们的菜品。

　　谢谢大家！

温馨提示
得体的服饰、自信的谈吐以及团队间的创新协作都会为你们的宣传加分哦。

心情札记　狂喜　愉悦　满意　伤心　生气　　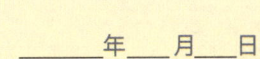　＿＿＿年＿＿月＿＿日

大家在品尝美食的同时要参与投票。每人有一票和50个代币，请依据最具人气、最佳味道、最佳创意、最佳外观审美、最具文化底蕴系列奖项选出心仪的团队，最终根据综合得分评出"最佳美食小摊"。

奖项	评分标准（团队成员共同商议补充其他的奖项和标准）	获奖团队
最具人气	①美食评鉴食客数量高 ② ③	
最佳味道	①用料新鲜 ②调味适宜，口感丰富 ③	
最佳创意	①造型设计创新独特 ② ③	
最佳外观审美	①色彩丰富 ②摆盘精致 ③	
最佳文化底蕴	①体现传统文化特色 ② ③	
最佳美食摊位	① ② ③	

最佳

五感素材库：＿＿＿＿＿＿＿＿＿（你收集了哪些能给你带来多重感官体验的素材呢？）

厨神争霸赛——体悟精湛厨艺背后的匠心精神

★★ 活动总结 ★★

请利用 SCP 夸奖法则，对本期项目学习活动进行总结。

在本期项目学习活动中，我很
喜欢 _____ 团队
关于美食的 理念 / 制作过程 / 特色摊位
_____
_____
设计，因为 _____
_____
_____

specific（细节）

在学习过程中，通过比较，我发现自己有三项与别人不一样的地方，它们是：
① _____
② _____
③ _____

compare（比较）

SCP

empower（赋能于人）

我还想继续深入了解的两项内容：
① _____
② _____

心情札记　 狂喜　 愉悦　 满意　 伤心　 生气　____ ____年__月__日

我的体验反思

我的感官雷达图

（调动感官频率越高，分数越高）

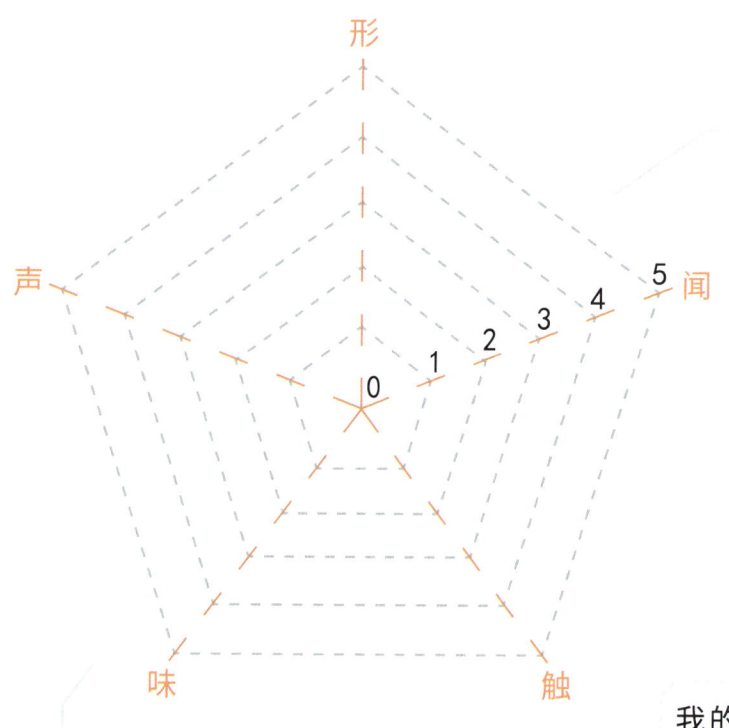

我的感官互动表现：

（1）在 感官 领域，我_____。

（2）在_____领域，我_____。

（3）在_____领域，我_____。

我获得的美感体验：

（在该项目中，你感受到了怎样的美？是如何感受到的呢？）

我的五感创新：

（1）在 感官 领域，我做出了_____的创新。

（2）在_____领域，我做出了_____的创新。

我的五感学习小结

➕ 一个优点：

➖ 一个缺点：

✖ 一个建议：

➗ 一个困惑：

五感素材库：（你收集了哪些能给你带来多重感官体验的素材呢？）

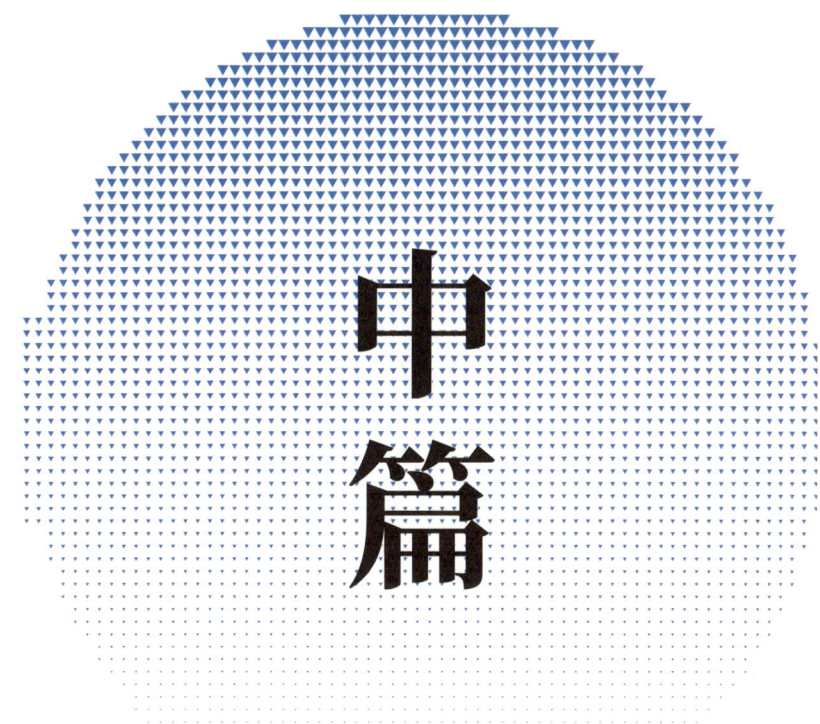

中篇

构建生命关怀，倾听小家大家

有话好好说
——举办隆重的家庭会议

进入小学后，我们形成对这个世界和对自己的看法。随着我们不断成长，能力不断发展，作为家庭的一分子，我们要学会和家里人好好沟通，从沟通这一环节开始承担家庭责任。我们有意愿、有责任和义务参与家庭事务，小到家务分配，大到购物支出，我们都在成长中培养着独特的行为模式，努力成为"小当家"。但是要成为一个有能力、有贡献、有尊严、有智慧的人，还要依靠父母的科学引导和良好的家庭环境熏陶。打造良好的家庭成员沟通氛围，有话好好说，构建民主、和乐的新家风，举办家庭会议很重要。那么，这个"会"应该怎么开呢？

建立协作共同体

（一）自我介绍"亮闪闪"

在成年人眼里，作为孩子的我们总是"长不大"。请通过自我介绍，让大家"眼前一亮"。这里有一个让大家对你印象深刻的自我介绍方法——MTV法。

 Me——我是谁。
简单介绍个人信息。

 Task——我有什么成果。
介绍最令自己有自信的高光时刻和我的成果；大家千万不要以为只有"学霸"才有"事迹"，许多同学热爱集体、乐于助人、做家务熟练、做手工精巧，这些都是特别值得大家学习的优点。让我们好好发掘一下自己的"亮闪闪"之处吧。

Value——我的价值。
以我的能力能给大家提供什么帮助。

五感素材库：_____（你收集了哪些能给你带来多重感官体验的素材呢？）

有话好好说——举办隆重的家庭会议

M (Me) 我是谁

姓名：_____

爱好：_____

自画像

T (Task) 亮闪闪

分享一件能够展现自己能力的事

时间：_____

地点：_____

经过：_____
_____

V(Value) 提供的价值 / 技能点

我拥有的沟通才能（打钩"√"）：

□倾听 □合作 □互相尊重 □关心他人 □

我待学习的领域：_____
_____

我期待为团队：_____

（二）组建"家庭会议"策划团

由 5～6 名同学组成一个"家庭会议"策划团，设计家庭会议方案，开展模拟家庭会议练习。

会议策划：_____
会议主题策划，_____。

会议主持：_____
主持会议流程，_____。

模拟家长：_____
模拟男性家长，_____。

模拟家长：_____
模拟女性家长，_____。

模拟孩子：_____
本色出演，_____。

你来填一下：_____
_____

心情札记 狂喜 愉悦 满意 伤心 生气 ____ ____年__月__日

（三）团队标志设计

团队名称

五感素材库：

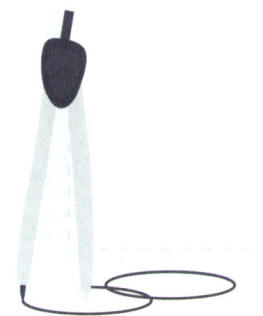

给团队设计个醒目的LOGO吧

设计理念

设计人员：

设计理念：有话好好说，和美一家人；
_____。

设计元素：_____

我们的口号是：_____

温馨提示

标志设计要体现和谐温馨、健康安全等特点。

团队全家福

五感素材库：_____（你收集了哪些能给你带来多重感官体验的素材呢？）

（四）团队承诺书

团队承诺书

团队名称

我们需要遵守一些基本的团队规则，通过联合商议，我们一致确定以下团队承诺书内容：

- 任务管理：我们会按照计划开展工作，全力以赴完成自己的工作任务，_____。
- 时间管理：我们会遵守时间安排，_____。
- 情绪管理：我们能调适情绪，冷静且理性地沟通，_____。
- 工具管理：我们会认真学习工具的使用方法，_____。
- ·_____：_____。
- ·_____：_____。

团队成员签名：
指导老师签名：
日期：

开展调研

（一）内容调研

柴米油盐酱醋茶，家里大大小小的事都要有人操持打理。家务是为家庭成员服务的重要工作。一个家庭到底有哪些家务事？分别由谁来承担呢？请使用经典的调研工具"七问分析法"开展一日家务调研。

1 谁 who

2 什么时候 when

3 在哪里 where

4 做什么 what

5 为什么 why

6 怎么做 how

7 多长时间 how long time

家务大揭秘			
记录时间			
家庭成员			
什么时候			
在哪里			
做什么			
为什么			
怎么做			
多长时间			

（二）家务调研分享会

分析一下自己调研的情况，看看家庭成员间承担的家务类型、家务强度、家务时长等情况，全面了解家里都有哪些家务事。

家务类型：餐食类

承担者：

强度：

家务时长：

原因分析：

家务类型：洗刷类（洗衣洗碗）

承担者：

强度：

家务时长：

原因分析：

家务类型：清洁类（扫地拖地）

承担者：

强度：

家务时长：

原因分析：

五感素材库：　　　　　（你收集了哪些能给你带来多重感官体验的素材呢？）

家务类型：整理类　　家务类型：采买类　　家务类型：_____
承担者：_____　　承担者：_____　　承担者：_____
强度：_____　　　强度：_____　　　强度：_____
家务时长：_____　家务时长：_____　家务时长：_____
原因分析：　　　　　原因分析：　　　　　原因分析：

小结

家庭中承担家务类型最多的人是_____，家务强度最大的人是_____，做家务花费时间最长的人是_____。家庭的正常运行和发展，需要每一个家庭成员积极参与家庭劳动。我可以做的家务有_____。

（三）调研剪影

请通过视频和照片，记录调研过程中的精彩瞬间。

调研的过程中，我们可以看到辛劳、看到奉献、看到细致、看到关怀，_____，我们要记住这些家人为家庭奉献的闪亮瞬间，传递我们对家人的感恩。

心情札记　狂喜　愉悦　满意　伤心　😐生气　○_____ ____年__月__日

模拟家庭会议

"家庭会议"是一种重要的家庭建设方式。它创造了家庭成员间平等沟通、民主商议的机会，有利于促进亲子关系、夫妻关系的发展，构建良好家风。但要让一家人"学会开会"可不是件容易的事。为了让家长觉得我们有能力参与家庭会议，我们必须做好会前的准备工作。

（一）感恩信制作

通过家务调研，我们发现家长们承担了大量的家务，为我们创造了良好的生活和学习环境。我们可以通过写感恩信的方式，对他们为家庭的付出表达真挚的感谢。

感恩信

介绍：
各位家庭成员，大家好。我是_____。
今天是我们的家庭会议日，我想借此机会感谢_____，
因为我观察到（时间/地点/事情经过）

描述：
_____
_____
_____。
谢谢您（叙述细节）
_____，感谢您的无私奉献。

评价：
因为您的
_____，我感到每一份付出背后都凝聚着对家的深深爱意。

感谢：
我们都是家里的一员，都应该为共同营造一个更加美好的家庭付出自己的心力。我会学习您的行为和精神，一起维护我们爱的小家。
此致。
敬礼！

感恩人：
　　年　　月　　日

五感素材库：_____（你收集了哪些能给你带来多重感官体验的素材呢？）

（二）制定会议规则

温馨的感恩会让家人们感动，有利于增强家庭的凝聚力。然而，许多人可能认为一家人没有必要举行正式会议，觉得在吃饭时简短交流就足够了。但需要注意的是，"闲谈"和"开会"是两码事，有规则保障的会议能让沟通变得更有效。

团队名称	家庭会议规则
1	选定会议主持人，分配发言权，维护秩序，不参与讨论。
	为什么要这样定规则
2	参会者书面提出讨论议题，内容是具体、明确、可操作的行动建议。
3	发言前要举手，在得到主持人允许后可以发言。发言时应起立，且不得打断他人的发言。
4	每人每次发言不能超过＿＿分钟，对于同一内容发言不能超过＿＿次。
5	讨论问题时＿＿＿＿＿＿＿＿＿＿＿＿，确保会议不会被打扰。
6	一次决议只讨论一件事，一次会议最多讨论＿＿＿＿＿件事情。
7	投票环节应遵循少数服从多数原则。
8	规则内容

备注：＿＿＿＿＿＿＿＿＿＿＿＿＿＿＿＿＿＿＿＿＿＿＿＿＿＿＿＿＿＿＿＿

（三）提出合理的议题

家庭会议的议题选择非常重要。好的议题有助于解决问题；而不恰当的议题则可能让大家陷入无休止的争论，既浪费时间，又容易引发家人的情绪问题。此外，我们不仅要提出问题，更要做问题的解决者，在提出问题的同时，也应提出自己的解决方案，从而让家庭会议更高效。

家庭会议议题表	
会议时间	
提议人	
议题标题	(20字内)
情况描述	(100字内)
建议	① ② ③

五感素材库：_____（你收集了哪些能给你带来多重感官体验的素材呢？）_____

（四）议程设计

收集好家庭会议的议题之后，我们要确定家庭会议的具体议程。

家庭会议第____次会议议程

1 主持人宣读会议规则

2 向家庭成员致谢，宣读感谢信

3 由会议发起人宣布：
（1）参与人员：本次会议记录人是_____，本次会议参与人员有_____。
（2）会议主题：本次会议主题是_____，本次会议需要完成决议___件事。

4 轮流发言，根据需求发表意见。
观点①：_____
_____
观点②：_____
_____

5 投票环节/建议环节，撰写建议清单/执行计划
①_____
②_____
③_____

6 有效的家庭决议：_____

总结未解决的议题：_____

7 确定下一次会议时间
_____

> **温馨提示**
> 营造积极乐观、团结友爱的会议氛围需要有效设计流程。

（五）会议记录

拍摄家庭会议现场照片。记录下宣读规则、感恩致谢、提议、讨论、投票、决议等各个环节的情况。记录下家庭民主氛围建设过程中的里程碑时刻。

①会议开始　　②宣读会议制度　　③感恩致谢

⑥会议步骤三　　⑤会议步骤二　　④会议步骤一

⑦会议步骤四

⑧游戏环节　　家庭合影

五感素材库：_____（你收集了哪些能给你带来多重感官体验的素材呢？）

（六）难题破解有妙招

在日常生活中，人们面对某些事务时，往往仅凭经验和直觉作出判断，迅速表态喜欢或不喜欢、赞同或不赞同。这种传统的思维模式存在盲区，容易导致看问题的片面性。在会议过程中，我们难免会遇到这样的情况。这个时候，我们需要引导大家采用全面分析的思维工具——PMI思考表，对这些难题进行深度思考。

P P（plus）集中思考有利因素
思考要点：思考这种观点的优点或有利因素，以及你为什么喜欢或赞同这种观点

M M（minus）全力考虑不利因素
思考要点：思考这种观点的缺点或不利因素，以及你为什么不喜欢或不赞同这种观点

I I（interest）找出最有趣、有价值的地方
思考要点：思考这种观点的兴趣点，以及这种观点让人感兴趣的方面

（七）模拟会议练一练

知易行难，在家里举行一次成功的家庭会议并非易事。我们小组可以组建一个"模拟家庭"，按照家庭会议的流程，开展诸如"如何为孩子设计合理的家务劳动""如何科学管理孩子网络游戏时间"等议题的讨论，让每位成员都熟悉家庭会议的规则和流程。

| 保持（keep） | 问题（problem） | 尝试（try） |

我在活动中做得好的部分：　　我在活动中存在的问题：　　我未来会继续尝试优化的部分：

根据模拟家庭会议的情况，团队合作完成体验演讲稿，面向班级分享。多借鉴其他团队开展家庭会议的先进经验。

模拟家庭会议体验演讲稿

各位同学：

　　大家好。由我代表＿＿＿（团队）分享＿＿＿（时间）的家庭会议内容。

　　首先要介绍我们的团队：＿＿＿＿＿＿＿＿＿＿＿＿＿＿＿＿＿＿＿＿。

　　我们通过家庭会议讨论了＿＿＿＿＿（议题），我们之所以会提出这个议题是因为＿＿＿＿＿＿＿＿＿＿＿＿＿＿＿＿＿＿＿＿。

　　在会议中，＿＿＿＿提出＿＿＿＿。

　　　　　　　　＿＿＿＿提出＿＿＿＿。

　　　　　　　　＿＿＿＿提出＿＿＿＿。

　　议题解决的方式是＿＿＿＿＿＿＿＿＿＿＿＿＿＿＿＿＿＿＿＿。

　　通过家庭会议模拟活动，我们学会了＿＿＿＿＿＿＿＿＿＿＿＿＿。

　　谢谢大家！

（八）会议达人我来评

在模拟会议和班级交流中，一定有许多"闪光点"激发了你的智慧。见贤思齐，让我们一起评选"会议达人"吧。

五感素材库：＿＿＿＿＿＿（你收集了哪些能给你带来多重感官体验的素材呢？）

有话好好说——举办隆重的家庭会议

奖项	评分标准（团队成员共同商议补充其他的奖项和标准）	获奖团队
最佳选题	①真实性，符合家庭实际情况 ②现实性，对解决家庭问题有帮助 ③	
最佳流程	①参与者熟悉流程 ②会议流程顺畅 ③	
最佳决议	①讨论充分 ②决议可操作性强 ③	
最佳氛围	①营造温馨、幽默氛围 ② ③	
最佳_____	① ② ③	

我的家庭会议

相信现在的大家一定信心满满，想要在家里举行家庭会议，但千万不要忘记把这个具有历史意义的时刻记录下来哦。

我的体验反思

我的感官雷达图

（调动感官频率越高，分数越高）

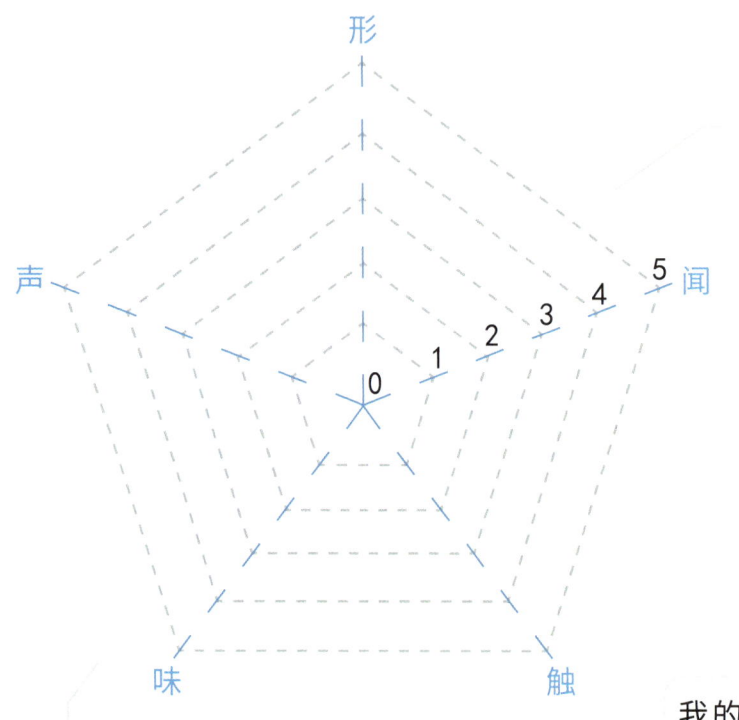

我的感官互动表现：

（1）在 感官 领域，我＿＿＿＿＿＿＿＿＿＿＿＿＿＿＿＿＿＿＿＿＿＿。

（2）在＿＿＿＿领域，我＿＿＿＿＿＿＿＿＿＿＿＿＿＿＿＿＿＿＿＿＿＿。

（3）在＿＿＿＿领域，我＿＿＿＿＿＿＿＿＿＿＿＿＿＿＿＿＿＿＿＿＿＿。

我获得的美感体验：

（在该项目中，你感受到了怎样的美？是如何感受到的呢？）

＿＿＿＿＿＿＿＿＿＿＿＿＿＿＿＿＿＿＿

我的五感创新：

（1）在 感官 领域，我做出了＿＿＿＿＿＿＿＿＿的创新。

（2）在＿＿＿＿领域，我做出了＿＿＿＿＿＿＿＿＿的创新。

我的五感学习小结

➕ 一个优点：

➖ 一个缺点：

✖ 一个建议：

➗ 一个困惑：

五感素材库：＿＿＿＿＿＿＿＿＿＿（你收集了哪些能给你带来多重感官体验的素材呢？）＿＿＿＿＿＿＿

塘厦美食保健之道
——日常膳食营养管理

"营"是谋求、寻找，"养"是养生之道，"营养"两个字结合在一起，意指人们所追求的养生之道。塘厦美食有着丰富的营养价值，承载着悠久的文化历史。然而，如何让传统塘厦美食符合当下人们追求的"饮食健康"理念，成了一个难题。为此，我们成立膳食营养爱心团，共同探索塘厦美食的健康之道，科学地改良塘厦美食，结合考虑老人家的膳食健康问题，为家人制作爱心营养午餐，让家人尤其是老年人能够更好地享受塘厦美食，同时也让塘厦美食传统文化得以赓续与弘扬。

建立协作共同体

（一）"我"的档案袋

在团队中，你具备哪些技能？请根据自己的个人技能优势，评定自己的能力。

个人自画像	
我的姓名	
我的兴趣爱好	
我的技能点	
信息采集能力 ☆☆☆☆☆	创新研发能力 ☆☆☆☆☆
统筹协调能力 ☆☆☆☆☆	交流沟通能力 ☆☆☆☆☆
摄影记录能力 ☆☆☆☆☆	_____能力 ☆☆☆☆☆
_____能力 ☆☆☆☆☆	_____能力 ☆☆☆☆☆

心情札记 狂喜 愉悦 满意 伤心 生气 _____ _____年__月__日

（二）组建膳食营养爱心团

由 5～6 名同学组成一个膳食营养爱心团，深入了解地道家乡美食的食材、工艺和营养价值，对塘厦美食制作过程进行更加科学的改进，使美食更富有营养保健的价值，并为塘厦老人送上爱心营养午餐。

组长	①统筹调研任务 ②	摄影记录员	①记录美食制作过程 ②
信息采集员	①收集各类信息 ②	改进研发员	①优化传统美食 ②
营养宣讲员	①宣讲团队成果 ②	其他	

（三）团队文化设计

好的小组文化能够营造小组的工作氛围，激发组员的工作热情与灵感，使成员们紧密地联系在一起。

给团队设计个醒目的 LOGO 吧

团队名称

设计理念
（你为什么想到这个名字和 LOGO 呢？）
设计目标：

设计人员：

设计元素：

温馨提示
设计要结合当地美食，体现营养、健康、科学等特点。

团队合影

（四）团队承诺书

团队名称 _____ 优化本土膳食承诺书

要成为一支优异且被认可的科学膳食研发团队，我们需要遵守一些基本的团队规则，通过联合商议，我们一致确定以下团队承诺书内容：

· 团队价值观：科学健康，多元美味，_____。
· 工作态度：我们会认真对待任务，解决难题，_____。
· 创新精神：以营养搭配为标准，推陈出新，_____。
· 食品安全：严控食材源头，保证用具卫生，_____。
· 膳食关怀：考虑特殊人群的饮食需求，展现对他们的爱与关怀，_____。
· _____：_____。
· _____：_____。

团队成员签名：_____
指导老师签名：_____
日　　　　期：_____

开展调研

（一）饮食因素调研

塘厦美食的形成与各种因素息息相关，但你是否有深入了解过呢？请思考饮食背后的影响因素，运用钩子表达法找出影响因素的特点，了解美食背后的文化，为今后的调研计划打下坚实的基础。

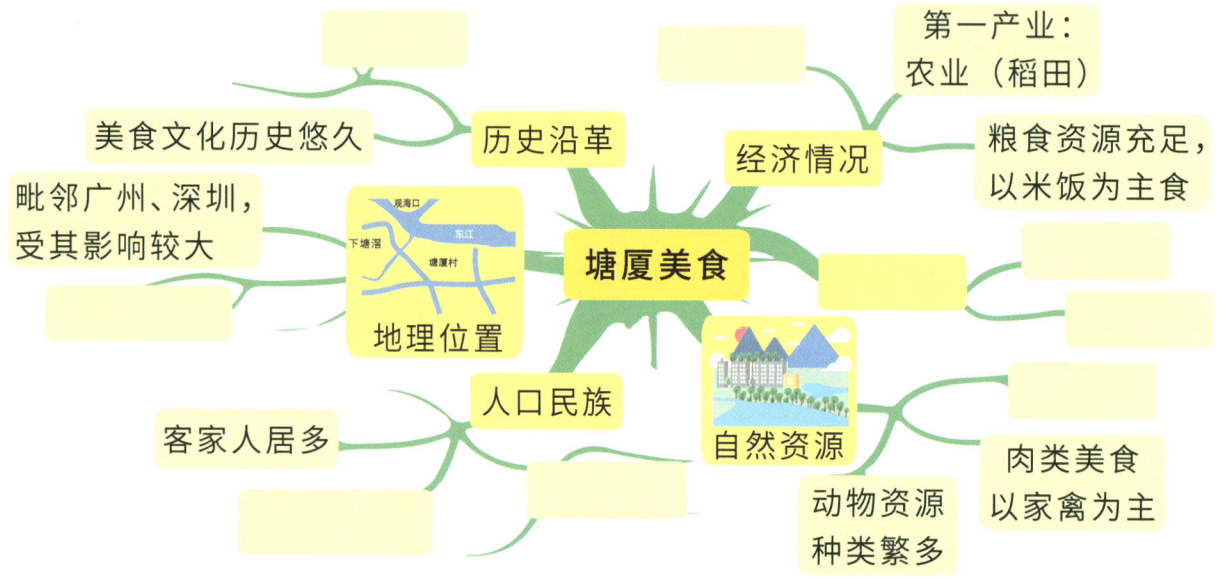

（二）营养价值调研

对塘厦美食的科学改进，必然离不开对其营养价值的深入分析。请选出自己喜欢的塘厦美食，团队可以通过查阅相关资料、求助老师或家长，共同完成对这道美食的营养分析。

> **温馨提示**
>
> 食物的营养成分包括热量、脂肪、蛋白质等。食品的营养价值是指某种食品所含营养素和能量满足人体营养需要的程度。食品营养价值的高低，取决于食品中营养素的种类是否齐全、数量及其对应比例是否适宜，以及是否易被人体消化吸收和利用。

塘厦碌鹅

营养成分占比：

营养价值：❤❤❤♡♡

烹饪方法："碌"在方言中是"煮"的意思，指将食材放到调制好的汤中烹煮。

历史渊源：碌鹅作为有着"大富大贵"好寓意的重头菜，通常只在逢年过节时才能吃到。

塘厦美食	塘厦美食
营养成分占比：	营养成分占比：
营养价值：♡♡♡♡♡	营养价值：♡♡♡♡♡
烹饪方法：	烹饪方法：
历史渊源：	历史渊源：

塘厦美食	塘厦美食
营养成分占比：	营养成分占比：
营养价值：♡♡♡♡♡	营养价值：♡♡♡♡♡
烹饪方法：	烹饪方法：
历史渊源：	历史渊源：

塘厦美食	塘厦美食
营养成分占比：	营养成分占比：
营养价值：♡♡♡♡♡	营养价值：♡♡♡♡♡
烹饪方法：	烹饪方法：
历史渊源：	历史渊源：

（三）对象调研

先进的营养意识同样十分重要，只有认识到饮食与身体健康之间的紧密关系，我们才能根据人们的健康需求对美食进行科学的改进。请采访你家中的老人，了解他们的饮食与身体健康状况，并撰写一份采访报告。

心情札记： 狂喜 愉悦 满意 伤心 生气 _____   _____年___月___日

采访报告						
采访时间	采访对象		采访内容			
	姓名	年龄	是否喜欢塘厦美食	饮食口味（咸/甜/辣/酸等）	喜欢的烹饪方式是否有科学膳食倾向	是否有"三高"（高血压、高血脂、高血糖）

（四）调研实录

请通过视频和照片，记录调研过程中的精彩瞬间。

五感素材库：_____（你收集了哪些能给你带来多重感官体验的素材呢？）

设计攻关

（一）科学改进方案

团队讨论调研的几样塘厦美食的优缺点，尝试围绕部分不合理的制作过程，以及老人的饮食习惯，提出改进方案。

美食名称	营养价值点	不科学之处	改进方向	?

（二）细心筹备

请通过对食材、调料以及烹饪方法的认识、调查和选择，为爱心午餐制定营养美食设计流程。

这样搭配食材是因为　　科学食材搭配

调料的成分构成包括　　调料需要

采用_____　　科学烹饪方法
这种烹饪方法是因为

科学营养的成品

心情札记　狂喜　愉悦　满意　伤心　生气　_____　_____年___月___日

（三）营养菜品测评会

团队内部进行民主投票，选出一款可行、健康、吸引人的营养菜品作为老人的爱心午餐。请全小组成员群策群力，进一步完善设计。

	菜品名称						
营养合理	低油、低糖、低盐程度	☆☆☆☆☆	☆☆☆☆☆	☆☆☆☆☆	☆☆☆☆☆	☆☆☆☆☆	☆☆☆☆☆
	添加剂类型（如果添加剂量多则为0分，如无添加剂可打5分）	☆☆☆☆☆	☆☆☆☆☆	☆☆☆☆☆	☆☆☆☆☆	☆☆☆☆☆	☆☆☆☆☆
	食养功效	☆☆☆☆☆	☆☆☆☆☆	☆☆☆☆☆	☆☆☆☆☆	☆☆☆☆☆	☆☆☆☆☆
食材	绿色、无污染、有机程度	☆☆☆☆☆	☆☆☆☆☆	☆☆☆☆☆	☆☆☆☆☆	☆☆☆☆☆	☆☆☆☆☆
	食材普遍度	☆☆☆☆☆	☆☆☆☆☆	☆☆☆☆☆	☆☆☆☆☆	☆☆☆☆☆	☆☆☆☆☆
烹饪安全	操作安全性	☆☆☆☆☆	☆☆☆☆☆	☆☆☆☆☆	☆☆☆☆☆	☆☆☆☆☆	☆☆☆☆☆
老人特殊需求	易消化程度	☆☆☆☆☆	☆☆☆☆☆	☆☆☆☆☆	☆☆☆☆☆	☆☆☆☆☆	☆☆☆☆☆
	食物软烂程度	☆☆☆☆☆	☆☆☆☆☆	☆☆☆☆☆	☆☆☆☆☆	☆☆☆☆☆	☆☆☆☆☆
	是否符合老人的营养素摄入量	☆☆☆☆☆	☆☆☆☆☆	☆☆☆☆☆	☆☆☆☆☆	☆☆☆☆☆	☆☆☆☆☆
总分（45分）							

备注：大家采用5分制，给每一道菜品打分，看看哪道菜品的得分最高。

选定作品

营养美食名称：

设计者：

营养美食创意：

设计优点：

改进建议：

五感素材库：_____（你收集了哪些能给你带来多重感官体验的素材呢？）

美食制作

（一）菜单设计

在开始制作研发方案里的营养美食新品前，请先制定出营养菜单。

营养菜单

菜单编制的原则

满足老人平衡膳食与享受美食的需求，尽可能贴近老人的饮食习惯与经济能力。

菜单编制的方法

（1）确定用餐对象全日能量供给量为_____。

（2）确定主副食的品种和数量为_____。

（3）老人的口味与喜好为_____。

注意：60岁以上的老人全日能量供给量需要控制在1900～2480千卡，70岁以上的老人全日能量供给量需要控制在1600～2000千卡，80岁以上的老人全日能量供给量需要控制在1400～1600千卡。

制作流程

第一步：准备食材：油5g，_____

第二步：_____

第三步：_____

第四步：_____

第五步：_____

制定完营养菜单，请根据食谱与菜单制作美食，并把这个过程用照片记录下来吧。

备注：请注意用火、用刀的安全，在家长指导下进行操作。

心情札记 狂喜 愉悦 满意  伤心 生气 ○ _____ ___年___月___日

（二）难题攻关

在美食制作过程中大家遇到了哪些困难？又是怎样解决的呢？请记录下你们的问题与解决方案。

问题 1

制定食谱时，我们遇到了不知道如何具体计算营养分配的困难，于是我们积极讨论，采取了"营养成分计算法"，并及时调整了食谱。

解决方案

根据全日能量供给量推测每餐的能量摄入：

年龄	全日能量供给量	每餐能量摄入
60～69岁	1900～2480千卡	600～800千卡
70～79岁	1600～2000千卡	
80岁以上	1400～1600千卡	

问题 2

解决方案

（三）美食说明书与评价手册

在营养新品完成后，请简述团队优化后的美食制作理念与营养价值。

营养价值测评

拍下来制作的营养新品，看起来垂涎欲滴！

老人进食难度：☆☆☆☆☆
老人消化难度：☆☆☆☆☆
评价星级：☆☆☆☆☆

美食名称：
营养搭配：
营养价值：
科学制作过程：

建议与反馈：

五感素材库：_____（你收集了哪些能给你带来多重感官体验的素材呢？）

家庭爱心午餐时光

（一）美好时光

邀请老人们共享爱心午餐，共同享受美好时光。在此之前，请向老人们分享团队的膳食营养说明。

环节	内容	限时
团队简介	慰问老人们并介绍美食团队的名称、成员、理念……	2分钟
营养成分	美食中包含哪些食材？这些食材具备什么营养元素？	1分钟
营养疗效	介绍美食功效，从哪些方面能够促进健康？	2分钟
互动	与老人们进行交流	2分钟

请拍一张营养新品的照片

（二）秘密菜单

每个团队大方公开自己的秘密菜单，分享新品背后的制作过程，大家互相交流学习。

秘密菜单大公开

放上一段美食制作过程的视频剪影

食材营养价值：_____

营养比例搭配：_____

调料用量：_____

是否使用药材补品：_____

营养烹饪方法：_____

具体注意事项：_____

（三）午餐记录

记录午餐时光的温馨画面。

（四）民主投票

每人拥有两票，请为心仪的团队或美食投出宝贵的两票吧！

奖项	评分标准（团队成员共同商议补充其他的奖项和标准）	获奖团队
最佳团队奖	①合作天衣无缝， ② ③	
营养科学奖	①营养价值高， ② ③	
人文关怀奖	①从老人的角度设计，富有营养美学 ② ③	
老人最爱奖	①受老人欢迎程度高， ② ③	
最佳____	① ② ③	

五感素材库：_____（你收集了哪些能给你带来多重感官体验的素材呢？）

塘厦美食保健之道——日常膳食营养管理

我的体验反思

我的感官雷达图

（调动感官频率越高，分数越高）

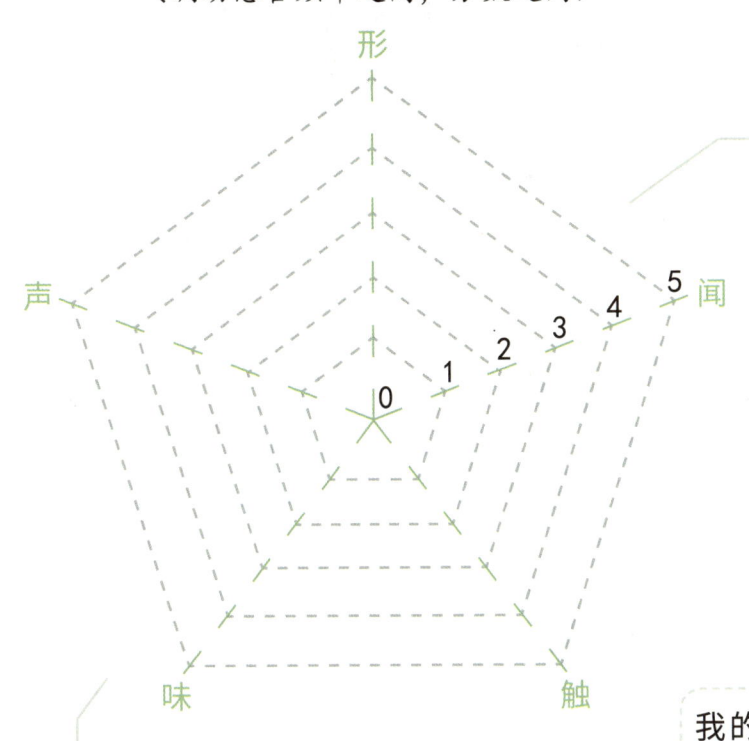

我的感官互动表现：

（1）在 __感官__ 领域，我 _____

_____。

（2）在 _____ 领域，我 _____

_____。

（3）在 _____ 领域，我 _____

_____。

我获得的美感体验：

（在该项目中，你感受到了怎样的美？是如何感受到的呢？）

我的五感创新：

（1）在 __感官__ 领域，我做出了 _____

_____ 的创新。

（2）在 _____ 领域，我做出了 _____

_____ 的创新。

我的五感学习小结

+ 一个优点：

− 一个缺点：

× 一个建议：

÷ 一个困惑：

心情札记　狂喜　愉悦　满意　伤心　生气　○_____　____年__月__日

95

小小"达·芬奇"
——为老年人设计辅助性家居

中国正逐步进入老龄化社会,这意味着社会需要考虑老人的需求,让老人享有更高质量的生活。敬老、尊老、爱老、助老,是中华民族的传统美德。孟子说"老吾老以及人之老",意思是说人们不仅要孝敬自己家的老人,还要关爱社会上所有的老人。

在现代科技快速发展的今天,每一位老人更应该享受到幸福美好的家居生活。家居涵盖了家具、家纺、家装等多个方面,然而目前的家居设计大多并非专为老年人定制,对老年群体来说不够友好。让我们一起开动小脑袋,发挥大创意,为老年群体设计辅助性家居。

建立协作共同体

(一)"我"的能力,超乎想象

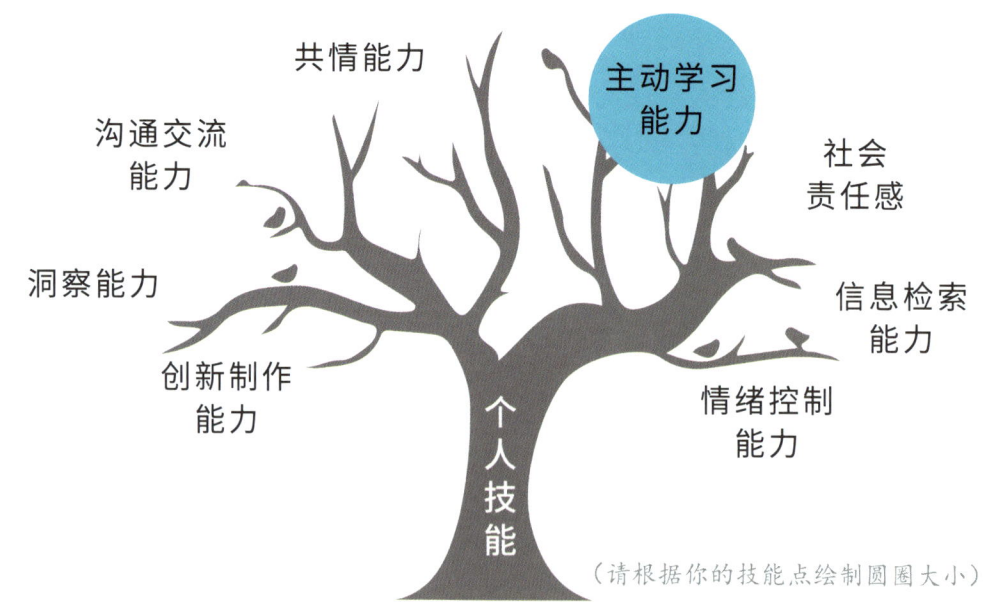

(请根据你的技能点绘制圆圈大小)

我的能力优势:＿＿＿＿＿＿＿＿＿＿＿＿＿＿＿＿＿＿＿＿＿。我期待为团队＿＿＿＿＿＿＿＿＿＿＿＿＿＿＿＿＿＿＿＿＿。

五感素材库:＿＿＿＿＿＿（你收集了哪些能给你带来多重感官体验的素材呢?)＿＿＿＿＿＿

（二）团队集结，为爱助老

由5～6名同学组成一个爱心家居设计团队，为老年人设计无障碍辅助家居（大件家居可以以模型的形式呈现），解决生活的烦恼。

执行官：_____
统筹团队任务，分配任务并督促任务落实，_____。

设计师：_____
绘画能力强，爱心家居主体绘制人，_____。

宣传官：_____
负责宣传工作，_____。

信息官：_____
引导团队搜集、整理资料，_____。

调研官：_____
理清方案顺序逻辑，记录数据，_____。

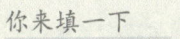
你来填一下_____：

（三）团队文化，设计有方

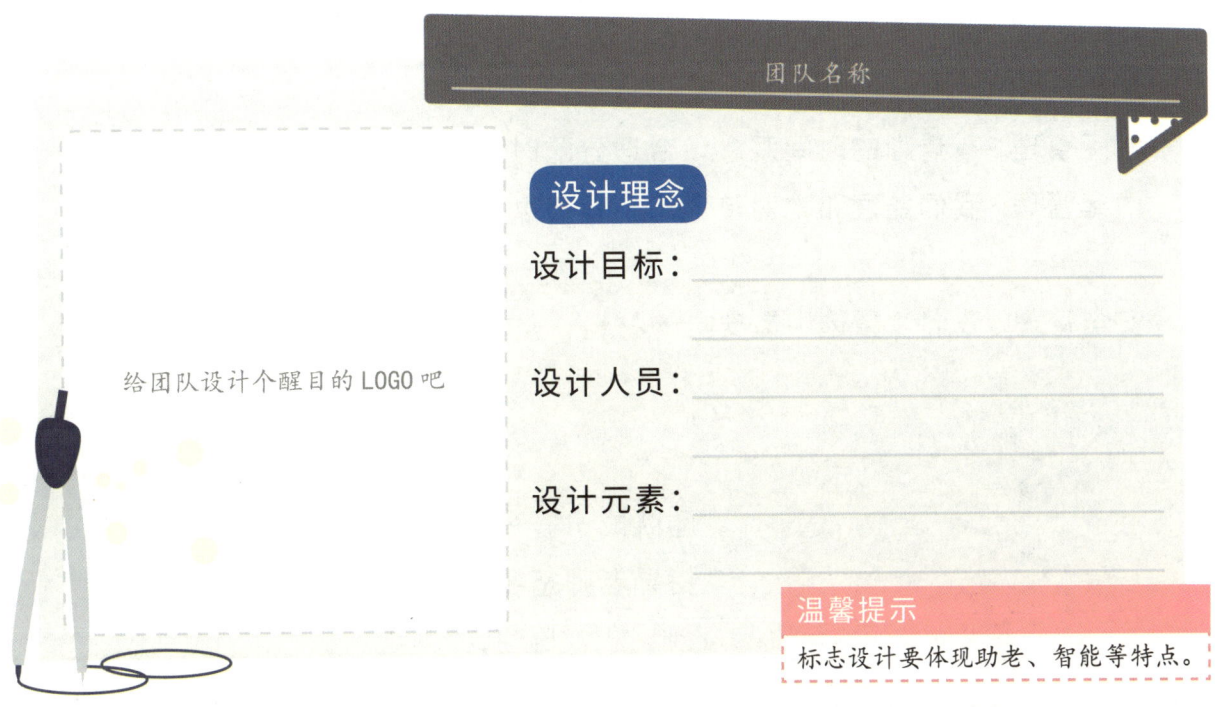

团队名称

给团队设计个醒目的LOGO吧

设计理念

设计目标：_____

设计人员：_____

设计元素：_____

温馨提示
标志设计要体现助老、智能等特点。

心情札记　狂喜　愉悦　满意　伤心　生气　_____　___年___月___日

团队合影

（四）团队承诺

　　　　　　　　　　团队名称　　　**承诺书**

　　要成为一支同理心强、设计作品优秀的创作队伍，我们需要遵守一些基本的团队规则，通过联合商议，我们一致确定以下团队成员行为守则：

· 任务管理：我们要严格遵从执行官的要求，按计划完成设计任务，_____。

· 时间管理：有清晰的时间观念，合理分配时间，_____。

· 情绪管理：我们能温和地对待他人，积极展现对老年人的同理心，_____。

· 安全管理：我们注重选用最安全的材料，坚持安全至上原则，_____。

· _____：_____。

· _____：_____。

　　　　　　　　　　团队成员签名：_____
　　　　　　　　　　指导老师签名：_____
　　　　　　　　　　　　　　日期：_____

五感素材库：_____（你收集了哪些能给你带来多重感官体验的素材呢？）

小小"达·芬奇"——为老年人设计辅助性家居

开展调研

（一）对象调研

请跟访你身边的一位老人，采访他/她在日常生活中经常遇到的困难，以此作为设计助老家居的基础。

我的跟访记录

受访老人：_____ 跟访时间：_____

今天，我跟随_____了解老人日常生活中出现的困难。在跟访过程中，我发现，他/她出现：背部发痛、腿脚不便、听力障碍、_____、_____、_____等困难。

他/她在日常生活中有_____的帮助，或者可以借助_____工具，但是仍然有_____、_____、_____等问题存在。

跟访承诺书

我承诺，在跟访老人时，我能够文明有礼、友善温柔地对待老人。
(1) 见面时要说_____，表明自己的来由：我是_____，我今天来是为了了解您生活中的不便，开展助老家居的设计。
(2) 询问时多用"请问""麻烦""谢谢"。
(3) 离开时要向老人表达_____，并祝福老人身体健康，最后说_____。
(4) 切勿问过于私密的问题，如有冒犯，要及时表达_____。

（二）工具调研

请调研身边老人常使用哪些辅助工具，并了解老人使用辅助工具的习惯。

名称：拐杖
用途：_____
材质特点：_____

名称：轮椅
用途：_____
材质特点：_____

名称：老花镜
用途：_____
材质特点：_____

心情札记 狂喜 愉悦 满意 伤心 生气 _____ ____年__月__日

名称：	名称：	名称：
用途：	用途：	用途：
材质特点：	材质特点：	材质特点：

（三）产品调研

家用电器能使人们从繁重、琐碎、费时的家务劳动中解放出来。请思考现代家电的优缺点，并探究老人在使用无障碍辅助家居时需要优化的功能。

家居生活电器调研

名称：智能洗碗机
优点：

缺点：功能键较多，老人不易操作

改造后的智能设备：智能语音，精简按键

名称：智能扫地机
优点：不用弯腰扫地

缺点：

改造后的智能设备：能进入较窄较深的角落

名称：空气净化器
优点：

缺点：

改造后的智能设备：

老人健康设备调研

名称：紧急呼叫器
优点：老人有紧急需要时可求救

缺点：

改造后的智能设备：

名称：睡眠监测器
优点：实时监测老人的睡眠心率、睡眠质量等

缺点：

改造后的智能设备：

名称：
优点：

缺点：

改造后的智能设备：

> **知识加油站**
> 智能家电和家具是智能家居的核心组成部分，家居生活离不开它们。在进行助老家居设计之前，我们需要积极扩展知识面，了解智能家电的相关知识。

五感素材库：　　　　　（你收集了哪些能给你带来多重感官体验的素材呢？）

（四）智能家居馆调研

请调研身边老人常使用哪些辅助工具，并了解老人使用辅助工具的习惯。

家居模块	安全风险	家居系统	特点
客厅	盗窃、入室抢劫等风险	安防报警、智能门锁、可视对讲、_____	间接接触陌生人，降低入室盗窃危险
厨房	火灾风险	烟雾监测	注重做菜、用火安全
浴室	滑倒、受凉等风险	温度控制系统	
卧室			

（五）调研光影

请通过视频和照片，记录调研过程中的精彩瞬间。

心情札记 狂喜 愉悦 满意 伤心 生气 _____ _____年___月___日

设计攻关

（一）齐心协力

我们可以对辅助家居设计提出构想，发挥优点，改善缺点，思考老年人在使用现代家居过程中可能遇到的问题。

助老家居设计卡

记录人：

我的发现

老年人最想要的助老家居是_____，因为它对比在生活中使用的家居具有_____优点_____，但现代智能家居有_____缺点_____。

我的分析

无障碍助老家居 的使用方式是_____，原理是_____。

我的构想

无障碍助老家居 可通过_____的改造方式，这样会更加适合老年人，因为_____。

其他补充

五感素材库：_____（你收集了哪些能给你带来多重感官体验的素材呢？）_____

（二）流程设计

我们根据老年人的需要和现代智能家居的优缺点，设计助老家居，期望能帮助老人群体。请运用 WBS 工作分解结构，一同制定助老家居制作设计流程。

work（工作）
可以产生有形结果的工作任务。

breakdown（分解）
是一种逐步细分和分类的层级结构。

structure（结构）
按照一定的模式组织各部分。

WBS 分解步骤：项目→任务→工作→日常活动

| 提出目标 | → | 设定任务 | → | 流程设计 | → | 总结 |

具体内容：　　　　具体内容：　　　　具体内容：　　　　具体内容：

负责人：　　　　　负责人：　　　　　负责人：　　　　　负责人：
完成时间：　　　　完成时间：　　　　完成时间：　　　　完成时间：

（三）家居设计

设计图（三视图）

需要标注出尺寸

助老家居说明书

设计呈现： ＿＿＿＿＿＿＿ 设计图
设计对象： ＿＿＿＿＿＿＿
设计目标：为了帮助 ＿＿＿＿＿＿＿＿＿＿＿＿＿＿＿＿＿＿＿＿＿
设计理念： ＿＿＿＿＿＿＿＿＿＿＿＿＿＿＿＿＿＿＿＿＿＿＿

请团队共同写出每个板块的作用

① ＿＿＿＿＿＿＿＿＿＿＿＿＿＿＿＿＿＿＿＿＿＿＿＿＿＿＿
② ＿＿＿＿＿＿＿＿＿＿＿＿＿＿＿＿＿＿＿＿＿＿＿＿＿＿＿
③ ＿＿＿＿＿＿＿＿＿＿＿＿＿＿＿＿＿＿＿＿＿＿＿＿＿＿＿
④ ＿＿＿＿＿＿＿＿＿＿＿＿＿＿＿＿＿＿＿＿＿＿＿＿＿＿＿
⑤ ＿＿＿＿＿＿＿＿＿＿＿＿＿＿＿＿＿＿＿＿＿＿＿＿＿＿＿
⑥ ＿＿＿＿＿＿＿＿＿＿＿＿＿＿＿＿＿＿＿＿＿＿＿＿＿＿＿
⑦产品语音说明书：有老花眼的老人可以通过语音听懂此家居使用方法。

产品（模型）制作

（一）材料使用

什么材料能满足不同家居产品的制作需求？寻找身边可使用的材料，并关注这些材料的属性和特点，为后面的产品制作做好充足的准备。

材料名称	美观性（图案、颜色……）	功能性（耐用性、安全性……）	对环境的影响（能源消耗、可持续、可处理……）	触感（软／硬、粗糙／光滑……）	成本	可用于产品的哪个部件
泡沫				软、粗糙		

五感素材库：＿＿＿＿＿＿＿＿＿＿（你收集了哪些能给你带来多重感官体验的素材呢？）

（二）流程设计

制作产品需要多个步骤，请设计以下流程以完善过程。

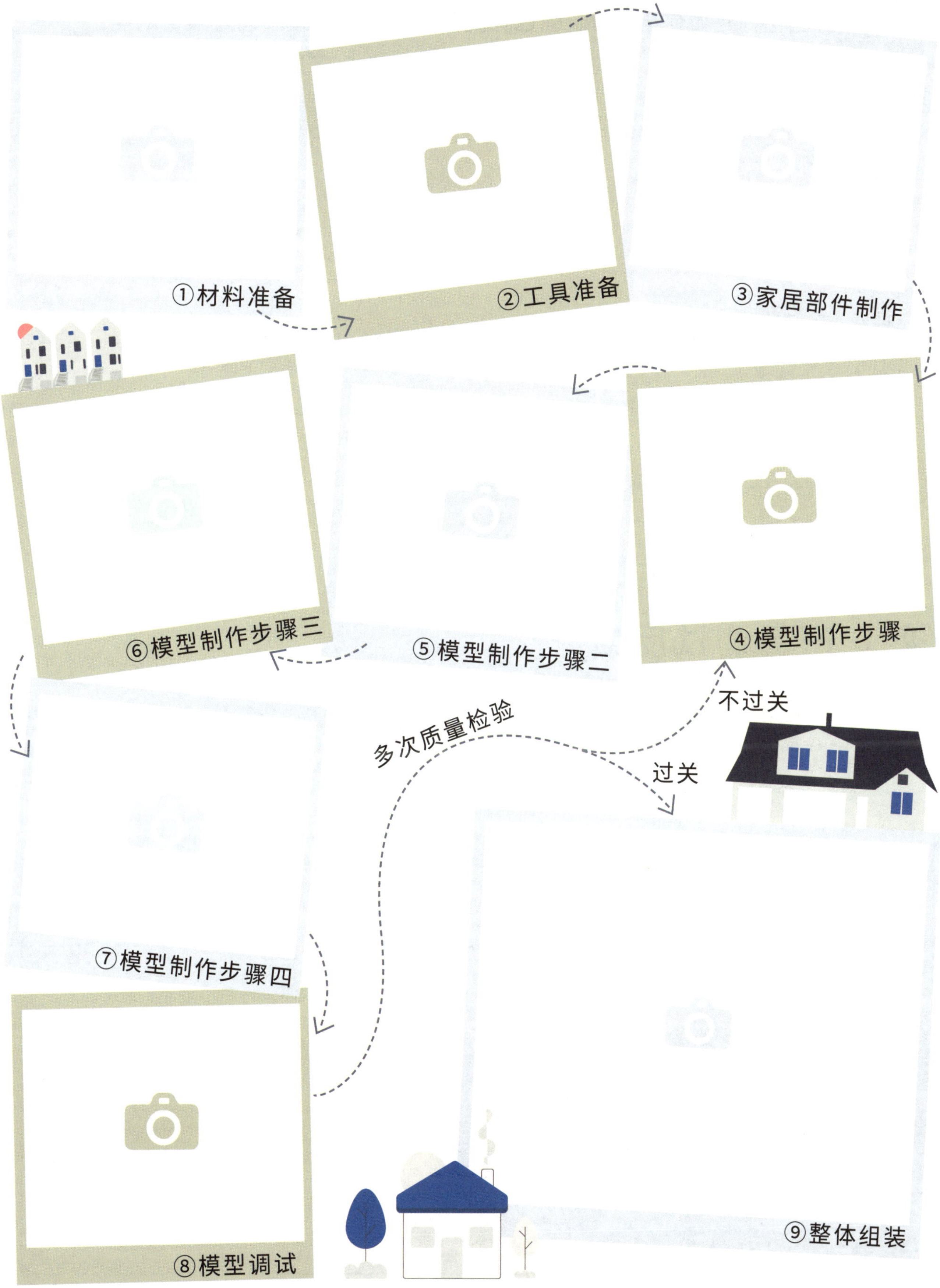

① 材料准备　② 工具准备　③ 家居部件制作

⑥ 模型制作步骤三　⑤ 模型制作步骤二　④ 模型制作步骤一

多次质量检验　不过关　过关

⑦ 模型制作步骤四

⑧ 模型调试　⑨ 整体组装

（三）难关攻克

在产品制作过程中，难免会遇到困难。请写出令你印象最深刻或者感觉最困难的问题，并回忆你是如何全面分析问题，挑战自我，最终顺利渡过难关的呢？

具体问题	
原因 why	
对象 what	
地点 where	
时间 when	
人员 who	
方法 how	

（四）产品测试反馈

邀请生活中的老人，评价本团队设计的 ___无障碍助老家居___ 。

评价人	评价星级	他/她的建议与反馈
爷爷/外公	☆☆☆☆☆	
奶奶/外婆	☆☆☆☆☆	
邻居	☆☆☆☆☆	
	☆☆☆☆☆	
	☆☆☆☆☆	
	☆☆☆☆☆	

五感素材库：_____（你收集了哪些能给你带来多重感官体验的素材呢？）

助老家居体验馆

小小"达·芬奇"——为老年人设计辅助性家居

学校将开展一个"助老家居体验馆"的展览活动,需要各个团队展示他们各具特色的无障碍助老家居。请团队成员和各自设计的产品合影留念。

为了更流畅地进行展示,执行官应做好团队分工。宣传官作为主要介绍人,负责在班级中向其他团队进行家居设计的介绍,其他团队成员则负责通过视频、图片进行记录。

展示环节	时间安排
团队介绍	1 分钟
设计过程	2 分钟
设计亮点	3 分钟
团队总结	2 分钟

视频/图片

心情札记 狂喜 愉悦 满意 伤心 生气 　　　　年　月　日

助老家居介绍稿

尊敬的各位来宾：

　　我是_____团队的宣传官，我今天向大家介绍的是_____。

　　这一款家居产品针对解决老年人_____的问题。在设计和制作过程中，我们团队_____。

　　区别于其他家居，我们这款家居的特色在于_____（功能、用途、亮点等）_____。

　　具体的操作流程请看演示：首先，_____。其次，_____。最后，_____（同步进行展示）。现在，欢迎各位来宾上前体验。

　　希望大家多多支持我们的产品。

　　感谢各位！

请出席的团队对所展示的产品逐一评价和投票，每人拥有两票，请投选你最喜欢的产品，并写下你对此产品的设计亮点和核心理念的看法。注意不能投给自己的团队。

奖项	评分标准（团队成员共同商议补充其他的奖项和标准）	获奖团队
最具人气	①参与评鉴的老人数量最多 ② ③	
最佳用途	①使用方便，操作简单 ② ③	
最佳创意	①造型设计创新独特 ② ③	

五感素材库：_____（你收集了哪些能给你带来多重感官体验的素材呢？）

接上表

奖项	评分标准（团队成员共同商议补充其他的奖项和标准）	获奖团队
最佳外观	①识别性强 ②触感良好 ③	
最佳理念	①以老人为本，从老人角度出发 ② ③	
最佳助老家居	综合票数最高	

回顾整个展览活动，怎样才能全面分析我们的产品，并提出相应的优化解决方案呢？尝试运用SWOT分析法进行基于内外部竞争环境和外部竞争条件下的态势分析，并形成解决策略。（可参照数字顺序逐步分析）

	S：我们的家居产品有哪些优势？	W：我们的家居产品有哪些劣势？
内部 / 外部		
O：我们的家居产品有哪些潜在的机会？	SO：我们的家居产品应如何利用机会巩固优势？	WO：我们的家居产品应如何利用机会弥补劣势？
T：我们的家居产品有哪些潜在威胁？	ST：我们的家居产品应如何利用优势避免潜在威胁？	WT：我们的家居产品应如何减少劣势避免潜在威胁？

知识加油站

SWOT分析法是将与研究对象密切相关的主要内部优势、劣势和外部的机会、威胁等信息列举出来，并依照矩阵形式排列进行分析的分析法。然后，用系统分析的思维把各种因素相互匹配起来进行分析，从中得出一系列相应的结论，这些结论通常带有一定的决策性。它常被用作组织（企业、社团）战略规划的重要工具。

心情札记　狂喜　愉悦　满意　伤心　生气　　_____　___年__月__日

我的体验反思

我的感官雷达图

（调动感官频率越高，分数越高）

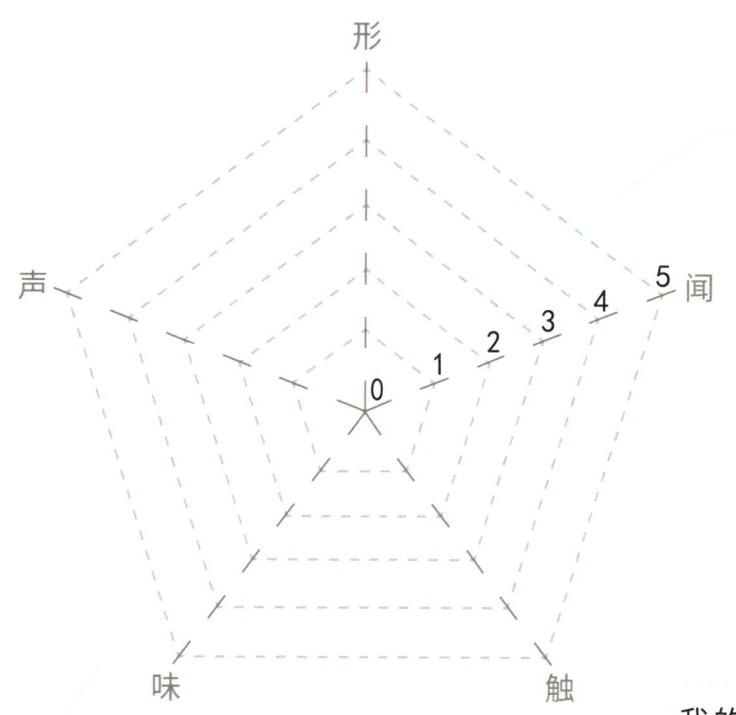

我的感官互动表现：

（1）在 感官 领域，我 _____ 。

（2）在 _____ 领域，我 _____ 。

（3）在 _____ 领域，我 _____ 。

我获得的美感体验：

（在该项目中，你感受到了怎样的美？是如何感受到的呢？）

我的五感创新：

（1）在 感官 领域，我做出了 _____ 的创新。

（2）在 _____ 领域，我做出了 _____ 的创新。

我的五感学习小结

+ 一个优点：

− 一个缺点：

× 一个建议：

÷ 一个困惑：

五感素材库：_____（你收集了哪些能给你带来多重感官体验的素材呢？）

手机研新智造赛
——体验日常科技的创新

"带着智能手机,可以走天下","世界那么大,我想在手机里看看",一部小小的手机,竟能包罗万象。科学技术从未像今天这样深刻影响着人们的生活。在人工智能时代,手机制造应秉持人文智性,注重用户的使用体验,让智能科技与美学、情感、思想相融合,展现出人本思想的关怀,铸就坚守人文的信念。针对当下儿童不当使用手机的现状,东莞某家智造企业计划研发一款儿童专属智慧手机,邀请你的团队共同参与这一富有创意、关怀、饱含温度的策划案设计。相信此时的你早已灵感涌现,赶紧行动起来吧!

建立协作共同体

(一)个人能力电量值

创新创造能力	情报收集能力	外形设计能力

电量为____%	电量为____%	电量为____%

细节观察能力	沟通交流能力	____能力
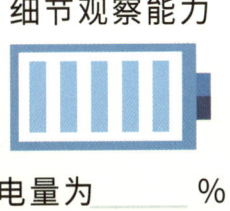		
电量为____%	电量为____%	电量为____%

我的能力优势:_____。我期待为团队_____。

心情札记 狂喜 愉悦 满意 伤心 生气 _____ ____年___月___日

（二）组建手机研发团队

由 5～6 名同学组成一个手机研发团队，发挥各自特长，分别负责新型儿童智慧手机研发中的各项工作，为即将到来的研发设计竞赛做足准备。

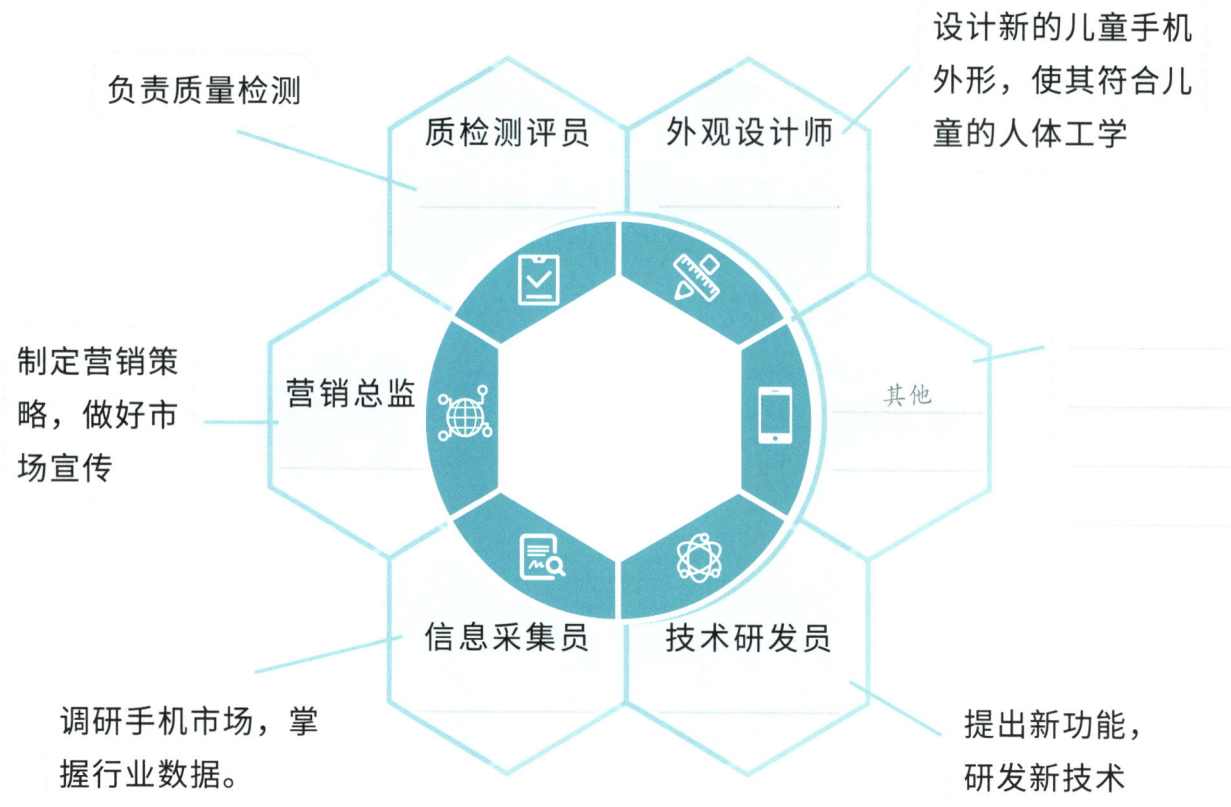

（三）团队文化充电站

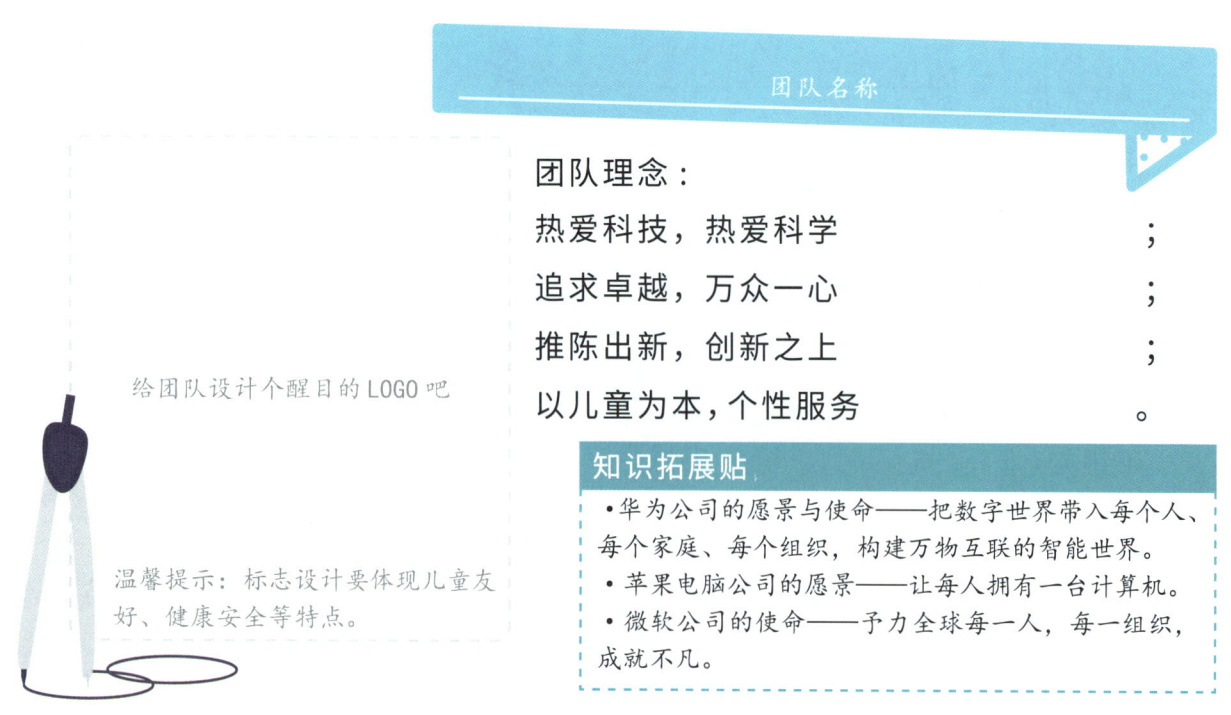

给团队设计个醒目的 LOGO 吧

温馨提示：标志设计要体现儿童友好、健康安全等特点。

团队名称

团队理念：
热爱科技，热爱科学＿＿＿＿＿＿；
追求卓越，万众一心＿＿＿＿＿＿；
推陈出新，创新之上＿＿＿＿＿＿；
以儿童为本，个性服务＿＿＿＿＿＿。

知识拓展贴
• 华为公司的愿景与使命——把数字世界带入每个人、每个家庭、每个组织，构建万物互联的智能世界。
• 苹果电脑公司的愿景——让每人拥有一台计算机。
• 微软公司的使命——予力全球每一人，每一组织，成就不凡。

团队合影

（四）团队公约

团队名称　　　　　　　　**团队公约**

　　作为创新进取的特色精英团队，我们需要遵循共同商定的团队原则，在此我们郑重承诺：

· 团队精神：改革创新，集体协作，精益求精，_____。
· 目标追求：追求卓越先进，打造高端产品，_____。
· 价值责任：努力为社会创造价值，_____。
· 产品指向：关注细节，追求实用多元的功能，_____。
· 人本主义：以儿童为本，尊重、考虑特殊用户需求，_____。
· _____：_____。
· _____：_____。

团队成员签名：_____
指导老师签名：_____
　　　　日期：_____

心情札记　狂喜　愉悦　满意　伤心　生气　____　____年__月__日

开展调研

（一）产品调研

在开始手机设计之前，我们需要对儿童手机的热点和现状有一定的了解，熟悉行业动向。

你知道目前有哪些热卖的儿童手机品牌？ 排行不分前后	流行的背后，一定有核心竞争力的支持，请找找它们的优势在哪里？ ①护眼模式与软件。 ②集结数种寓教于乐的功能，如能与语音对答和能回答简单的益智问题等，让小朋友可以轻松学习。 ③ ④ ⑤

（二）方法调研

为了寻找战略合作伙伴，团队决定与广东东莞当地的一家手机企业合作，我们选定了_____公司，并对该公司的设计师、技术人员进行访谈。

1. 访谈准备：设计访谈稿。

访谈目的：

访谈对象：

访谈时间：

访谈地点：

访谈方法：☐结构化访谈　　☐半结构化访谈　　☐探索式访谈

五感素材库：_____（你收集了哪些能给你带来多重感官体验的素材呢？）

续上表

手机研新智造赛——体验日常科技的创新

访谈问题：
① 请问儿童手机的设计中最注重哪些功能的设计？
回答：_____
② 请问儿童手机的评测与一般手机的评测有哪些不同？
回答：_____
③ _____
回答：_____
④ _____
回答：_____
⑤ _____
回答：_____

2. 访谈过程：及时记录，并摄影拍照。

| 心情札记 | 狂喜 | 愉悦 | 满意 | 伤心 | 生气 | _____ | _____年___月___日 |

（三）对象调研

儿童手机的哪些功能最能获得儿童和家长的关注呢？他们又会有怎样的手机需求呢？我们需要就手机使用相关的问题开展问卷调查并进行统计，以协助设计师研发新型手机。

1. 设计一份简单的问卷

（1）您是否了解儿童手机？
①十分了解　　②一般了解　　③稍微了解　　④不了解
⑤其他：_____

（2）您是否支持儿童使用手机？
①非常支持　　②比较支持　　③不太支持　　④不支持
⑤其他：_____

（3）您最关注儿童手机的什么功能？
①定时开关机　　②定位　　③预设号　　④在校模式
⑤其他：_____

（4）您对儿童手机有什么需求？
①控制使用时间　　②远程跟踪　　③降低辐射　　④过滤虚假信息
⑤其他：_____

（5）您觉得可以在儿童手机中安装与学习有关的游戏软件吗？
①完全可以　　②可以，但需要设定限制　　③没必要　　④无所谓
⑤其他：_____

（6）您觉得儿童手机有必要联网吗？
①有必要　　②非必要，但有也可以　　③中立态度　　④没必要
⑤其他：_____

2. 发放问卷

（1）利用问卷星将问卷发放给同学、教师、家长。
（2）发放数量为 100～200 份。
（3）时间为一周。

3. 回收问卷并整理数据

（1）从问卷星中导出数据。
（2）整理统计每项问题的数据，得出结论。

五感素材库：_____（你收集了哪些能给你带来多重感官体验的素材呢？）

续上表

4. 数据整理，得出初步结论

问卷问题	各选项数据统计	结论
您是否了解儿童手机？		大多数受访者了解，但了解不深，说明儿童手机的发展空间很大
您是否支持儿童使用手机？		
您最关注儿童手机的什么功能？		
您对儿童手机有什么需求？		
您觉得可以在儿童手机中安装与学习有关的游戏软件吗？		
您觉得儿童手机有必要联网吗？		

（四）调研剪影

请通过视频和照片，记录在访谈调研过程中的精彩瞬间。

心情札记 狂喜 愉悦 满意 伤心 生气 _____ ____年__月__日

设计攻关

（一）儿童手机分析

如何制造一款零件布局合理、功能突出的手机呢？我们以一款儿童手机为例，分析其设计，并在此基础上汲取灵感，创新研发我们的新款手机！

名称	作用	可提升方向
长度、宽度、厚度	适合儿童的手型	①比一般手机的尺寸小 ②
灯光功能设置	可选择适合的亮度，在暗处自动护眼	①加强屏幕护眼功能 ②
学习软件	多种学习程序，可随时利用手机学习	①学习软件可设置使用时限 ②
外观设计	吸引买家	①符合儿童审美，增加卡通元素 ②
按键	方便操作	①精简按键功能 ②

五感素材库：_____（你收集了哪些能给你带来多重感官体验的素材呢？）

（二）专属功能打造

经过对儿童手机的分析，我们开始构思我们团队的儿童手机独具特色的功能！

功能1：护眼功能

设计缘由：手机辐射会对儿童的视力造成一定的影响。儿童的视网膜发育还不成熟，长时间看手机容易近视和眼疲劳。

设计方案：

方案①：优化手机屏幕。
- 优点：努力从源头减轻辐射。
- 缺点或改进：OLED屏幕材质较贵，且容易闪屏。
- 是否必需？是。

方案②：强制关机。
- 优点：定时让眼睛休息。
- 缺点或改进：_____
- 是否必需？_____

方案③：_____
- 优点：_____
- 缺点或改进：_____
- 是否必需？_____

功能2：定位功能

设计缘由：儿童走失事件频发，需要更加精准的定位功能，能随时随地了解孩子动向。

设计方案：

方案①：无需联网的定位，设置有轨跟踪。
- 优点：突破网络限制，了解到孩子在什么时间去了哪些地方。
- 缺点或改进：无。
- 是否必需？_____

方案②：实现区域报警。
- 优点：在出现紧急情况时，家长会收到包含报警时间、地点等信息的报警短信。
- 缺点或改进：操作应更便捷
- 是否必需？_____

方案③：_____
- 优点：_____
- 缺点或改进：_____
- 是否必需？_____

| 功能3：音量功能 | 设计方案： |

设计缘由：儿童的听力还未发育成熟，如果手机音量过大，会损伤儿童的听力。

设计方案：
方案①：将声音设定为低分贝。
·优点：即使是把手机放在耳朵旁聆听也不会造成伤害。
·缺点或改进：_____
·是否必需？_____
方案②：_____
·优点：_____
·缺点或改进：_____
·是否必需？_____
方案③：_____
·优点：_____
·缺点或改进：_____
·是否必需？_____

功能4：_____

设计缘由：_____
_____
_____
_____
_____

设计方案：
方案①：_____
·优点：_____
·缺点或改进：_____
·是否必需？_____
方案②：_____
·优点：_____
·缺点或改进：_____
·是否必需？_____
方案③：_____
·优点：_____
·缺点或改进：_____
·是否必需？_____

五感素材库：_____（你收集了哪些能给你带来多重感官体验的素材呢？）

手机研新智造赛——体验日常科技的创新

功能 5：_____	设计方案：
设计缘由：	方案①：_____
	·优点：_____
	·缺点或改进：_____
	·是否必需？
	方案②：_____
	·优点：_____
	·缺点或改进：_____
	·是否必需？
	方案③：_____
	·优点：_____
	·缺点或改进：_____
	·是否必需？

功能 6：_____	设计方案：
设计缘由：	方案①：_____
	·优点：_____
	·缺点或改进：_____
	·是否必需？
	方案②：_____
	·优点：_____
	·缺点或改进：_____
	·是否必需？
	方案③：_____
	·优点：_____
	·缺点或改进：_____
	·是否必需？

心情札记　狂喜　愉悦　满意　伤心　生气　_____　_____年___月___日

制作过程

（一）方案制定

以设计未来新型儿童科学手机为目标，我们不断打磨儿童手机策划方案。下面请制定出一套完整的、适合可行的方案。

儿童手机策划案

策划目的

随着手机的普及，不少儿童也提前拥有了属于自己的手机。然而，由于许多儿童缺乏自控力，容易沉迷于手机，且儿童在使用手机时，大脑吸收的辐射比成年人高出50%，这带来了不容忽视的健康隐患。同时，鉴于社会矛盾日益凸显，儿童安全问题愈发严重，儿童手机的存在因此具有了一定的价值。针对儿童健康与安全这两个方面，我们团队设计了新款儿童专用手机，旨在解决当前家长所关心的问题，为儿童提供智能关怀。

目标对象 3～14岁儿童

具体特征：

1. 家长平日工作繁忙，无法经常陪伴孩子
2. ___
3. ___

材质筛选

1. 常用材质：塑料、金属、玻璃
2. 适合儿童手机的材质：___

产品特色

1. 定时护眼屏障，增设看手机姿势及使用时间提醒
2. ___

产品策略

1. **产品组合：** 如何组合产品硬件、功能、资源，让产品价值最大化？
2. **销售渠道：** 如何才能提高知名度，让更多消费者愿意购买？
3. ___

五感素材库：___（你收集了哪些能给你带来多重感官体验的素材呢？）

手机研新智造赛——体验日常科技的创新

画一张儿童手机的草图

正面　　　　　　　　　反面

在小组内部开展民主投票，选出一款手机策划案作为接下来团队需要完善的目标。集中团队成员的智慧，进一步完善这款手机的设计。

产品名称	创新程度	特色功能	实用价值	总分（15分）
	☆☆☆☆☆	☆☆☆☆☆	☆☆☆☆☆	
	☆☆☆☆☆	☆☆☆☆☆	☆☆☆☆☆	
	☆☆☆☆☆	☆☆☆☆☆	☆☆☆☆☆	
	☆☆☆☆☆	☆☆☆☆☆	☆☆☆☆☆	
	☆☆☆☆☆	☆☆☆☆☆	☆☆☆☆☆	
	☆☆☆☆☆	☆☆☆☆☆	☆☆☆☆☆	

备注：大家采用5分制，给每一项产品打分，看看谁的分数最高。

选定方案

方案名称：＿＿＿＿＿＿＿＿＿＿＿＿＿＿＿＿＿＿＿＿＿＿＿＿＿＿

设计者：＿＿＿＿＿＿＿＿＿＿＿＿＿＿＿＿＿＿＿＿＿＿＿＿＿＿＿

设计创意：＿＿＿＿＿＿＿＿＿＿＿＿＿＿＿＿＿＿＿＿＿＿＿＿＿＿

设计优点：＿＿＿＿＿＿＿＿＿＿＿＿＿＿＿＿＿＿＿＿＿＿＿＿＿＿

改进建议：＿＿＿＿＿＿＿＿＿＿＿＿＿＿＿＿＿＿＿＿＿＿＿＿＿＿

心情札记　狂喜　愉悦　满意　伤心　生气　＿＿＿＿　＿＿＿年＿＿月＿＿日

(二) 难题攻关

在制定策划案的过程中，我们需要考虑手机尺寸和材质的选用。为了寻找更适合的材质，我们再次来到合作伙伴东莞手机企业的加工现场，亲自触摸、体验不同材质的样品，并记录下各种材质的特点。

手机材质选择				
材质名称	材质优点	材质缺点	安全性	综合排序
金属	①散热效果更好 ②耐摔	①容易烫手 ②易划伤和留指纹	①导电，有触电风险 ②劣质金属会影响儿童身体健康	
双面玻璃	①较耐用 ②高扩展	①脆弱 ②		
素皮				
塑料				

最终，我们选择了_____材质，理由是：_____

我们在此进行优化，指向"可咬、无毒，_____"。

五感素材库：_____（你收集了哪些能给你带来多重感官体验的素材呢？）

在制定策划案的过程中，我们还发现，当前方案的可行性、权威度较低。我们不由得开始思考：新增的功能适用于哪些场景？于是，我们模拟使用场景，检测方案中相应的功能。

要检测的功能：安全上网。（设置儿童空间，过滤不良网络信息）

· 模拟场景1：断网时，如何确保儿童仍能够获取学习资料。

· 模拟场景2：手机遭遇病毒攻击时，如何启动最后的保护防线，并及时提醒家长。

活动剪影

活动剪影

要检测的功能：定时休息功能。

· 模拟场景1：儿童看到定时休息提醒，但仍然玩手机，手机将强制锁屏10分钟。

· 模拟场景2：_____

要检测的功能：_____

· 模拟场景1：_____

· 模拟场景2：_____

活动剪影

将我们团队选定的新手机策划案分享给身边人，并邀请他们点评。

评价人	评价星级	他/她的建议与反馈
家人	☆☆☆☆☆	
邻居	☆☆☆☆☆	
老师	☆☆☆☆☆	
同学	☆☆☆☆☆	
	☆☆☆☆☆	
	☆☆☆☆☆	

五感素材库：＿＿＿＿＿＿＿＿（你收集了哪些能给你带来多重感官体验的素材呢？）＿＿＿＿＿

（三）产品说明书设计

针对儿童设计的产品，要有充满童趣的产品包装设计和简洁明了的说明书。请给出你们团队的包装设计图和产品说明书。

手机包装设计图

产品说明书

创新手机智造赛

为了推动智能手机技术迈向更加光明的创新未来,东莞一家智能手机企业即将举办一场名为"助力儿童成长"的手机研新制造赛。各参赛团队将带着他们的设计方案进行现场演示,让我们一同见证并记录这些团队的精彩瞬间!

演示者	演示内容	预计时间
	产品功能介绍	2分钟

新型手机策划演讲稿

各位朋友:

　　大家好!

　　群贤毕至,我们在科技制造不断发展的东莞塘厦相聚!

　　我们是_____团队,受到东莞"科技创新+先进制造"理念的影响,我们设计了这款儿童手机,名字叫_____。

　　我们希望能通过这部手机解决儿童游戏成瘾、_____

_____等问题。

　　有别于其他手机,我们这款儿童手机的特色在于_____

_____。

　　我们的新增功能绝对能让你感到惊喜,包括_____

_____。

　　经过反复进行场景模拟测试,我们的新款儿童手机有效解决了_____问题,并从_____进行优化。

　　心动不如行动,快来为我们的新型手机策划方案投票吧,谢谢!

> 马上就要轮到我们团队进行演示了,我们的演讲稿应该怎样写才能与众不同?

备注:可以重点突出本团队新产品的亮点和创新之处。

五感素材库:_____ (你收集了哪些能给你带来多重感官体验的素材呢?)

手机研新智造赛——体验日常科技的创新

为了增强儿童手机宣传吸引力,我们将采用多元方式,请为自己团队的手机设计几则朋友圈推广语并发布,看看我们的方案能获得多少点赞吧!

朋友圈推广语(2~3句)

示例:这是一款"自觉"的儿童手机,会定时休息,会及时定位,会过滤不良信息,会督促主人主动学习,你心动了吗?

备注:有创意的文案、有吸引力的图片排版会为你们的宣传加分哦。

大家在参与手机发布会与智造赛的同时要参与投票。一人两票,选出点赞王者奖、出其不意奖、儿童关怀奖、共聚一心奖的获奖团队。最终评出"最佳_____"。

奖项	评分标准(团队成员共同商议补充其他的奖项和标准)	获奖团队
点赞王者奖	①儿童手机评鉴获赞数量高,好评如潮 ②整体满意度高 ③	
出其不意奖	①儿童手机的功能进行了大胆革新 ②造型设计创新独特 ③	
儿童关怀奖	①手机的功能与配置全面考虑到儿童的科学使用需求 ② ③	
共聚一心奖	①分工合理,合作紧密 ② ③	
最佳_____	① ② ③	

心情札记

 狂喜　 愉悦　 满意　 伤心　 生气　　_____ ____年__月__日

我的体验反思

我的感官雷达图

（调动感官频率越高，分数越高）

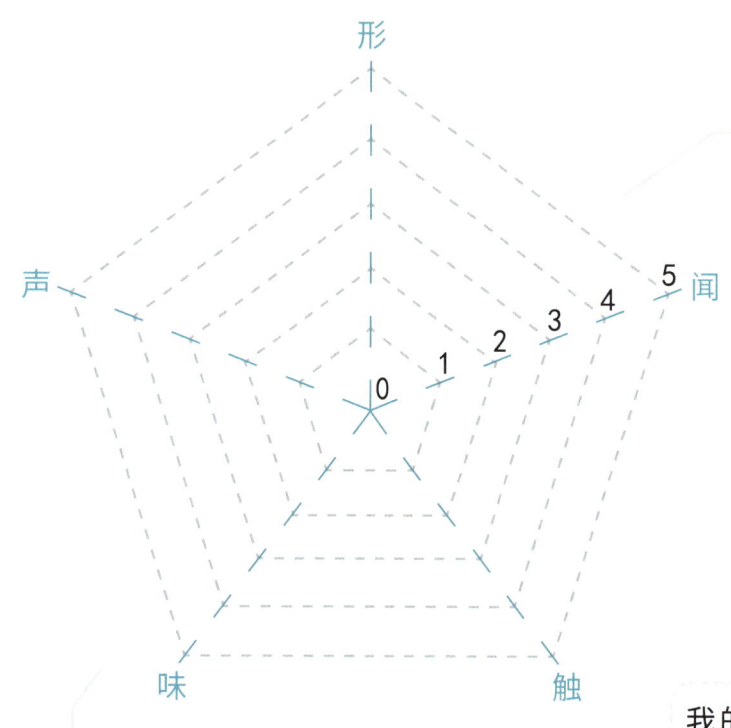

我的感官互动表现：

（1）在 感官 领域，我 _____

_____。

（2）在 _____ 领域，我 _____

_____。

（3）在 _____ 领域，我 _____

_____。

我获得的美感体验：

（在该项目中，你感受到了怎样的美？是如何感受到的呢？）

我的五感创新：

（1）在 感官 领域，我做出了 _____ 的创新。

（2）在 _____ 领域，我做出了 _____ 的创新。

我的五感学习小结

➕ 一个优点：

➖ 一个缺点：

✖ 一个建议：

➗ 一个困惑：

五感素材库：_____ （你收集了哪些能给你带来多重感官体验的素材呢？）

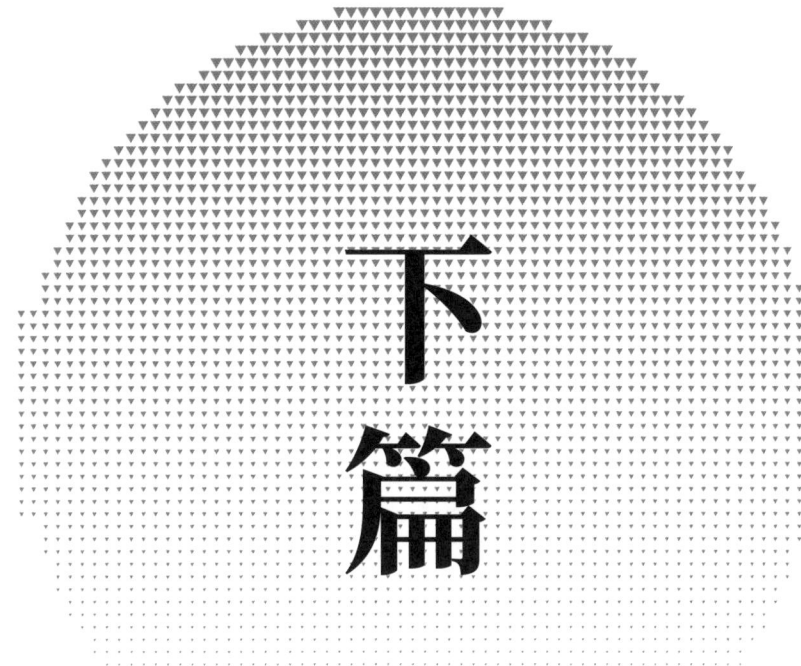

下篇

赓续乡土文脉,传承还看今朝

治木小达人
——木文化的创新体验学习

木，自古以来就是重要的材料。古今中外的人们在日常生活中大量使用木材制作物品。材美而坚，工朴而妍，中国也因此成为治木智慧最丰富的国家。"工欲善其事，必先利其器。"这句话提醒我们要根据事物的特性，找到合适的方法，采用趁手的工具，以完成工作任务。木质玩具具有成本低、天然环保等特点，我们需要组建一个"玩具设计团队"，用木材为幼儿园的小朋友原创设计一个有趣、安全的玩具。

建立协作共同体

（一）能力鉴别图

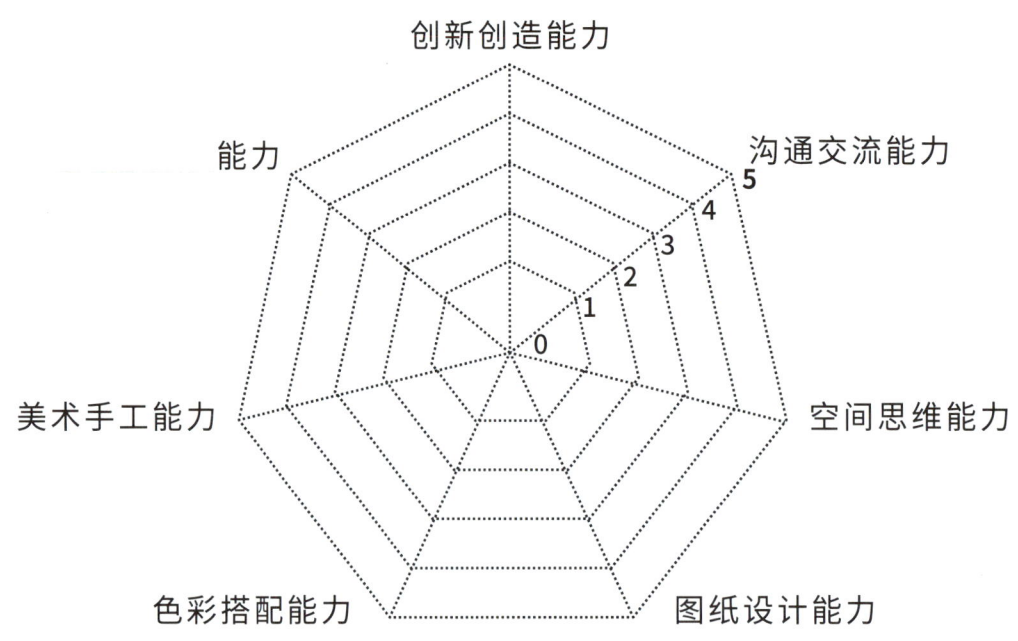

我的能力优势：_____。我期待为团队_____。

五感素材库：（你收集了哪些能给你带来多重感官体验的素材呢？）

（二）组建玩具设计团队

由 5～6 名同学组成一个玩具设计团队，为幼儿园的孩子设计一款木质玩具。

| 执行总监 | 负责统筹工作任务，协调人员分工，_____。 |

负责绘制效果图、设计图，_____。 | 手绘师 |

| 文案设计 | 负责产品宣传文稿创作，_____。 |

负责使用工具制作产品，_____。 | 制作师 |

| 营销总监 | 负责宣传与推销产品，_____。 |

负责_____。 | 其他 |

（三）团队文化设计

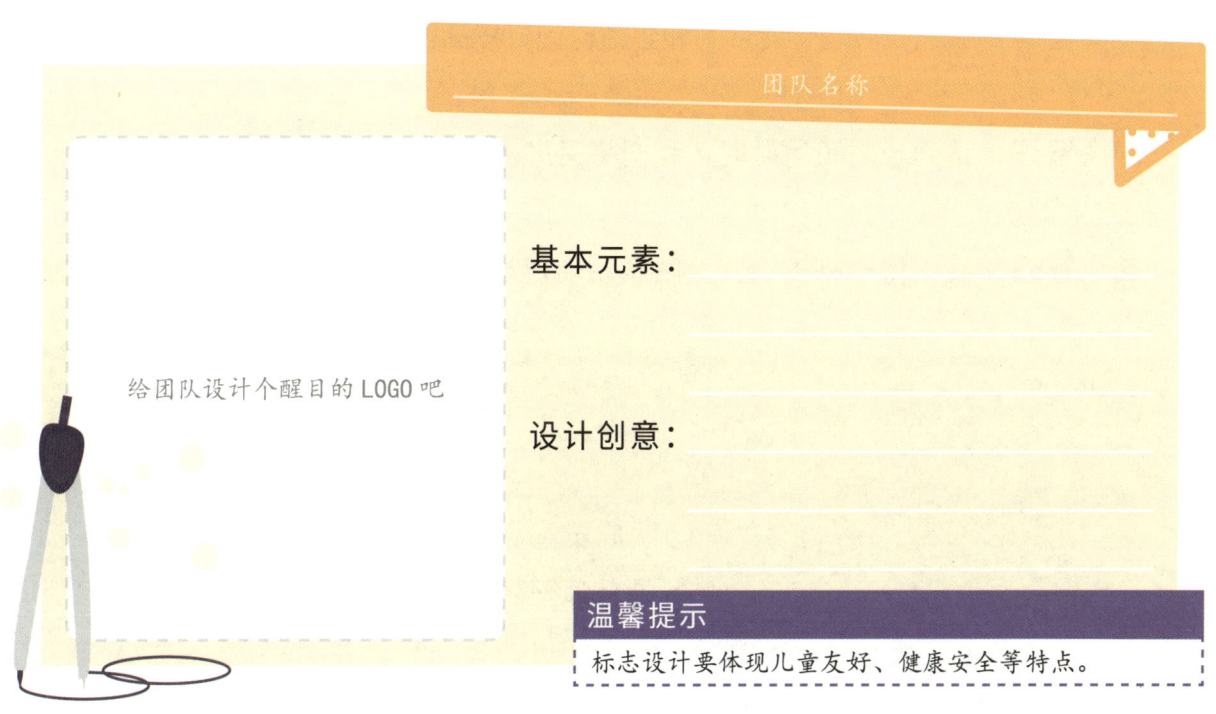

团队名称

基本元素：_____

设计创意：_____

给团队设计个醒目的 LOGO 吧

温馨提示
标志设计要体现儿童友好、健康安全等特点。

心情札记　狂喜　愉悦　满意　伤心　生气　　_____年___月___日

团队合影

（四）团队公约

团队名称　　　　　　　团队公约

要成为一支团结奋进、成果突出的团队，我们需要遵守一些基本的团队守则，经过联合商议，我们共同制定了以下团队公约：

·**任务管理**：我们会认真研讨工作计划，严格按照计划要求开展工作，_____。

·**时间管理**：我们会合理调配学习和生活时间，提高团队工作效率，_____。

·**冲突管理**：遇到矛盾和问题时，我们将民主协商，采用_____的方式解决问题。

·**安全管理**：我们将严格挑选安全材料制作玩具，严格按照安全规范使用工具，_____。

· _____。

· _____。

团队成员签名：
指导老师签名：
　　　日期：

五感素材库：_____（你收集了哪些能给你带来多重感官体验的素材呢？）

治木小达人——木文化的创新体验学习

开展调研

（一）产品调研

在开始木质玩具设计之前，我们每个人搜集一件儿童玩具，研究一下它们的特点，来给我们的设计提供有益的启发。

- 名称：
- 材料特点：
- 功能：
- 价格：
- 安全性：

- 名称：
- 材料特点：
- 功能：
- 价格：
- 安全性：

- 名称：
- 材料特点：
- 功能：
- 价格：
- 安全性：

- 名称：
- 材料特点：
- 功能：
- 价格：
- 安全性：

- 名称：
- 材料特点：
- 功能：
- 价格：
- 安全性：

- 名称：
- 材料特点：
- 功能：
- 价格：
- 安全性：

（二）工具调研

木质玩具的制作，离不开治木工具。想要安全、有效地使用相关的工具，就要求我们必须对相关工具进行细致的研究。请在有成年人指导的情况下，学习并掌握工具的使用技能，安全使用工具。

心情札记 狂喜 愉悦 满意 伤心 生气 _____ _____年__月__日

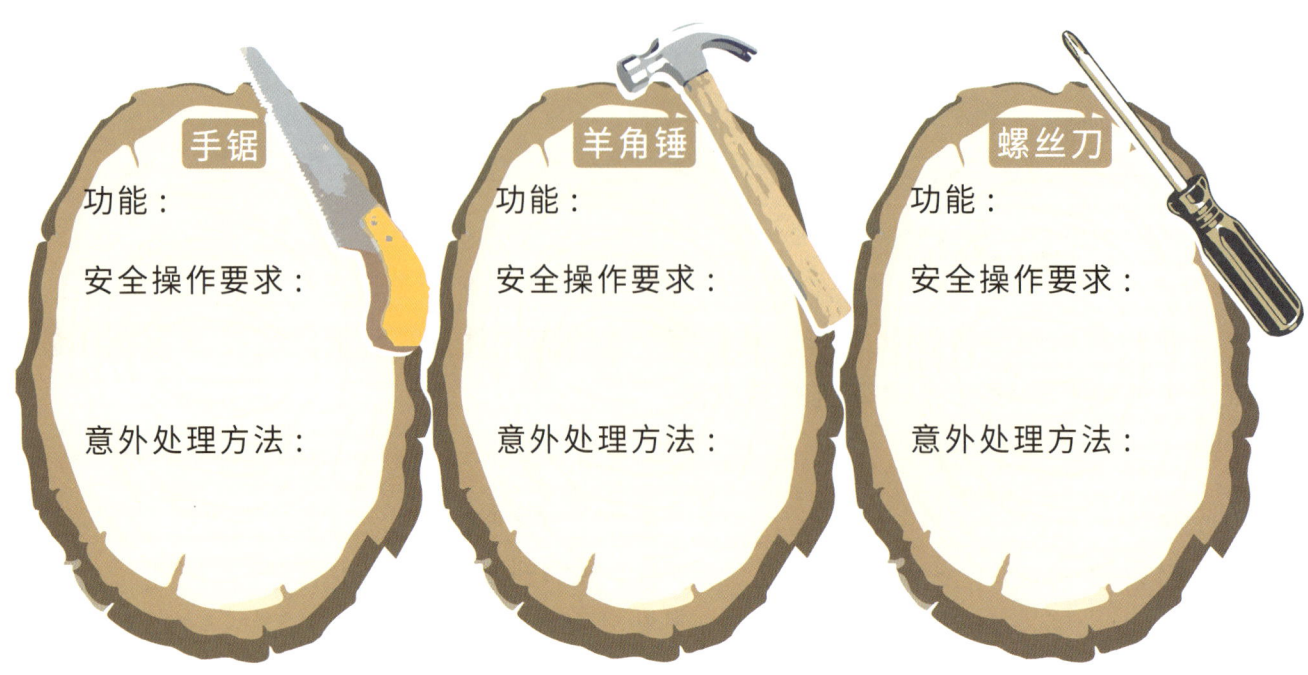

备注：护目镜要戴好，保护手套不能少，规范流程要遵照，合理距离保持好，安全操作最重要。

（三）对象调研

用木质材料设计什么样的玩具才能获得小朋友的青睐呢？不同年龄、不同性别的孩子会有哪些不同的玩具需求呢？我们要开展细致的访问，了解一些关键的信息，协助设计师开展产品设计。

访谈记录表			
访谈对象	性别	年龄	班级

你最喜欢的玩具是什么？为什么最喜欢它？	如果我们用木头设计一款玩具，你会希望它是什么玩具？	
①	②	③

反思

五感素材库：_____（你收集了哪些能给你带来多重感官体验的素材呢？）

治木小达人——木文化的创新体验学习

（四）调研剪影

请通过视频和照片，记录下访谈调研过程中的精彩瞬间。

设计攻关

（一）一人一案

请每一位团队成员都发挥想象力，设计一款玩具。

设计图（三视图）

需要标注出玩具的尺寸

名称：＿＿＿＿＿＿＿＿＿＿＿＿＿＿＿＿＿＿＿ 适合年龄：＿＿＿＿＿＿＿

设计创意：＿＿＿＿＿＿＿＿＿＿＿＿＿＿＿＿＿＿＿＿＿＿＿＿＿＿＿＿＿＿＿＿＿

制作难度：☆☆☆☆☆   安全性：☆☆☆☆☆   价格：☆☆☆☆☆

心情札记 狂喜 愉悦 满意 伤心 生气   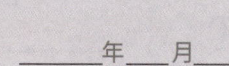＿＿年＿＿月＿＿日

（二）选型投票会

在小组内部进行民主投票，选出一款玩具设计方案作为团队的中标方案。集中团队成员的智慧，进一步完善设计。

产品名称	制作难度	制作难度	趣味性	益智性	总分（20分）
	☆☆☆☆☆	☆☆☆☆☆	☆☆☆☆☆	☆☆☆☆☆	
	☆☆☆☆☆	☆☆☆☆☆	☆☆☆☆☆	☆☆☆☆☆	
	☆☆☆☆☆	☆☆☆☆☆	☆☆☆☆☆	☆☆☆☆☆	
	☆☆☆☆☆	☆☆☆☆☆	☆☆☆☆☆	☆☆☆☆☆	
	☆☆☆☆☆	☆☆☆☆☆	☆☆☆☆☆	☆☆☆☆☆	
	☆☆☆☆☆	☆☆☆☆☆	☆☆☆☆☆	☆☆☆☆☆	

备注：大家采用5分制，给每一项产品打分，看看谁的分数最高。

中标方案

方案名称：
设计者：
设计创意：

设计优点：
改进建议：

产品制作

（一）流程设计

产品从设计到制作，要经过复杂的流程。我们需要系统全面地思考，学习科学的产品制作流程，确保产品顺利完成。请把我们的工作流程拍照记录下来吧。

五感素材库：_____（你收集了哪些能给你带来多重感官体验的素材呢？）

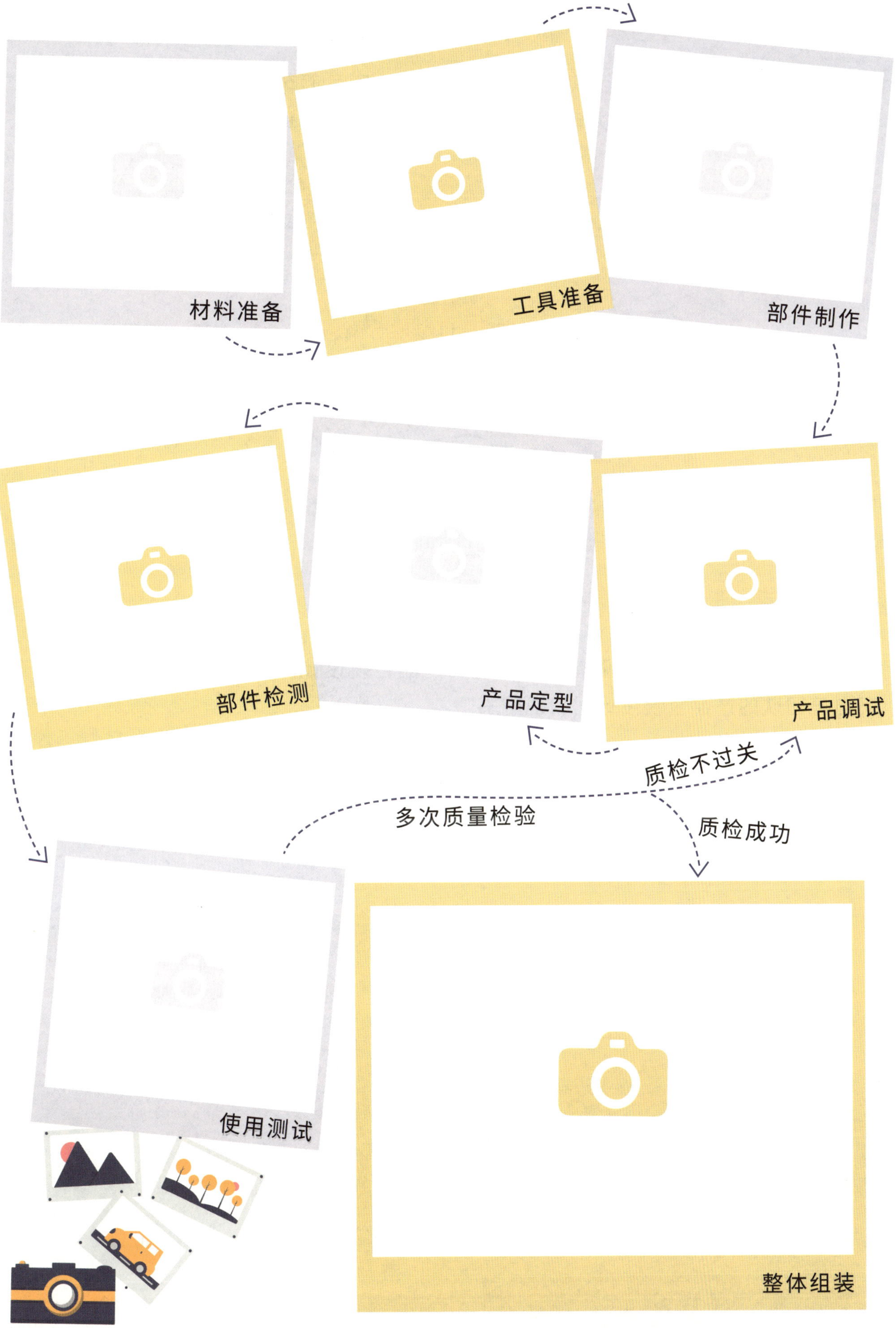

治木小达人——木文化的创新体验学习

材料准备　　工具准备　　部件制作

部件检测　　产品定型　　产品调试

质检不过关

多次质量检验　　质检成功

使用测试　　整体组装

心情札记　狂喜　愉悦　满意　伤心　生气　　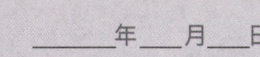____ ____年__月__日

（二）难题攻关

在产品制作过程中，团队会遇到许多挑战，队员们可以通过思维导图的方式，记录各自遇到的挑战和解决问题的方法，以提升任务管理能力。

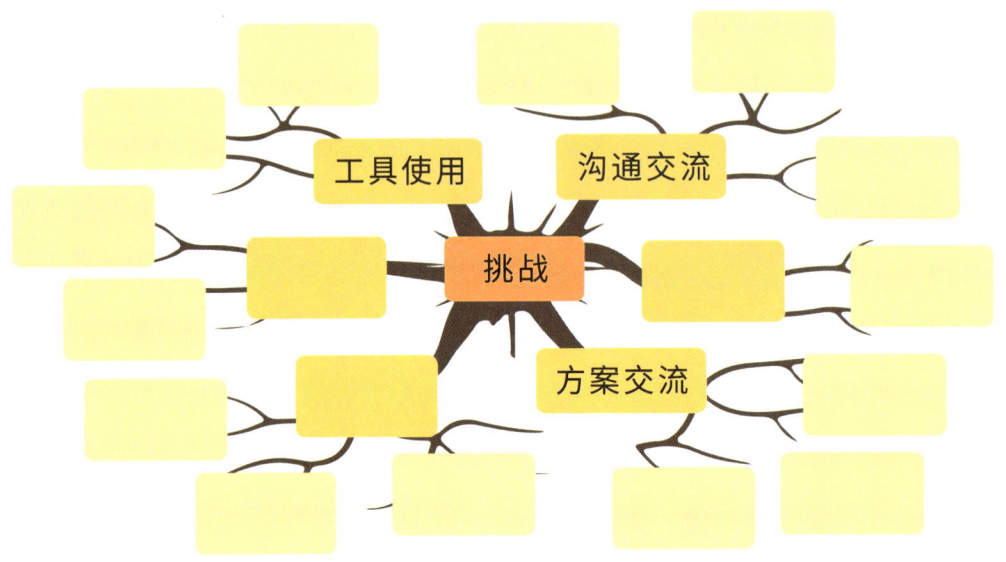

（三）产品说明书设计

为孩子设计的玩具，要有充满童趣的产品包装设计和简洁明了的说明书，记录下自己团队的产品包装设计图和说明书吧。

产品包装设计图

五感素材库：_____（你收集了哪些能给你带来多重感官体验的素材呢？）

产品说明书

（四）玩具测试反馈

请团队拿着我们制作的玩具，找一些孩子进行玩具体验，看看孩子们玩得怎么样。同时，我们可以拍摄一个2分钟的体验视频作为展示材料。

心情札记 狂喜　 愉悦　 满意　 伤心　 生气　_____　_____年__月__日

产品展览会

班级举办木质儿童玩具展览会。让我们精细制作产品包装、布置展位，与展品合影留念。

每个团队派出营销总监用 2 分钟介绍自己团队的产品，播放客户的体验视频。让大家为自己小组的产品投票。

产品介绍宣讲稿

尊敬的各位来宾：

　　大家好！

　　我是＿＿＿＿＿＿团队的营销总监＿＿＿＿＿＿，我今天向大家介绍的是＿＿＿＿＿＿。这一款玩具的创意来源于＿＿＿＿＿＿。在制作过程中，我们团队＿＿＿＿＿＿＿＿＿＿＿＿＿＿＿＿＿＿＿＿＿＿。该产品的主要特色为＿＿＿＿＿＿＿＿＿＿＿＿＿＿＿＿＿＿＿＿＿＿＿＿＿＿＿＿＿。

　　现在，请我的同事＿＿＿＿＿＿为大家展示实际体验视频。

　　希望大家多多支持我们的产品。

　　谢谢大家！

备注：得体的服饰、自信的谈吐会为你们的宣讲加分哦。

五感素材库：＿＿＿＿＿＿＿＿＿＿＿＿（你收集了哪些能给你带来多重感官体验的素材呢？）

治木小达人——木文化的创新体验学习

大家在欣赏玩具展览的同时记得要参与投票。一人两票，向表现突出的团队投出选票。看看你的团队有没有机会获得"金鲁班奖"系列奖项

奖项	评分标准（团队成员共同商议补充其他的奖项和标准）	获奖团队
最佳设计	①设计精巧，工艺精湛 ②有创意性，色彩搭配和谐 ③	
最佳包装	①主题鲜明，创意十足 ②文字优美，表达准确 ③	
最佳队伍	① ② ③	
最佳____	① ② ③	
最佳____	① ② ③	

★ ★ 活动总结 ★ ★

在本期项目学习活动中，我最想把"学习之星"发给他/她：_____，他/她在活动中_____，我想向他/她学_____。

产品展览会上令我印象深刻的精彩内容：

我还想深入了解的两项内容：
①
②

关于本期的项目学习，我还有一个问题：

心情札记　狂喜　愉悦　满意　伤心　生气　____　____年__月__日

我的体验反思

我的感官雷达图

（调动感官频率越高，分数越高）

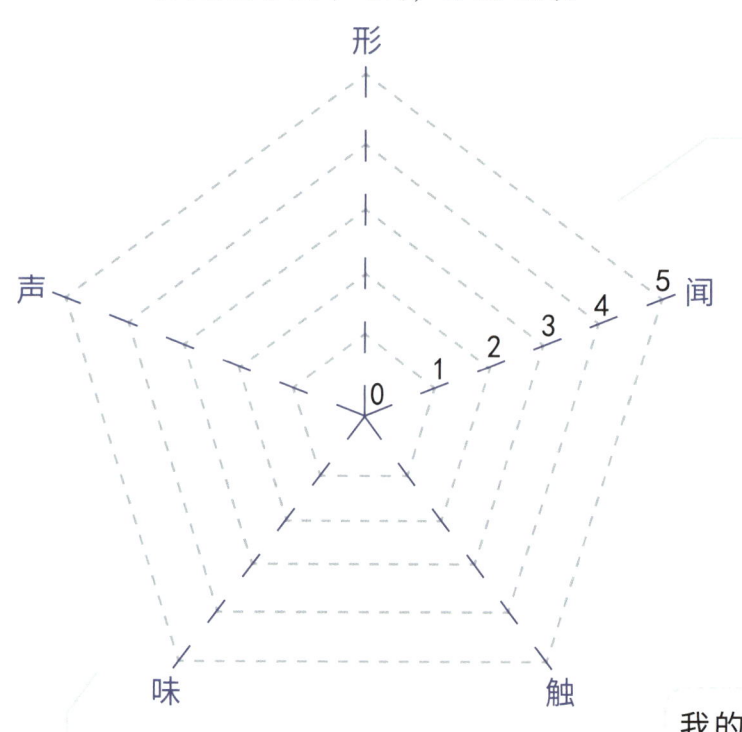

我的感官互动表现：

（1）在 __感官__ 领域，我 _____
_____。

（2）在 _____ 领域，我 _____
_____。

（3）在 _____ 领域，我 _____
_____。

我获得的美感体验：
（在该项目中，你感受到了怎样的美？是如何感受到的呢？）

我的五感创新：

（1）在 __感官__ 领域，我做出了 _____ 的创新。

（2）在 _____ 领域，我做出了 _____ 的创新。

我的五感学习小结

➕ 一个优点：

➖ 一个缺点：

✖ 一个建议：

➗ 一个困惑：

五感素材库：_____（你收集了哪些能给你带来多重感官体验的素材呢？）

舞出"麒"趣
——"舞麒麟"的扎作体验

麒麟位列中国四大瑞兽之首，舞麒麟表达了人们祈福美好生活、国泰民安的心愿。塘厦地区的麒麟舞已有三百多年历史，通过有效保护和创新性传承，它被评为省级非遗代表性项目。你了解麒麟舞吗？为了让更多的塘厦人了解并热爱家乡文化，我们决定成立一支"麒麟舞"探索队。在活动中，我们将研究塘厦麒麟舞的历史渊源和舞蹈技巧，传承和弘扬我们的传统文化，让它成为学校特色，届届相传。

建立协作共同体

（一）个人能力电量值

请你根据自己的能力填涂鳞片能量值，并补充你认为还应该具备的其他能力。

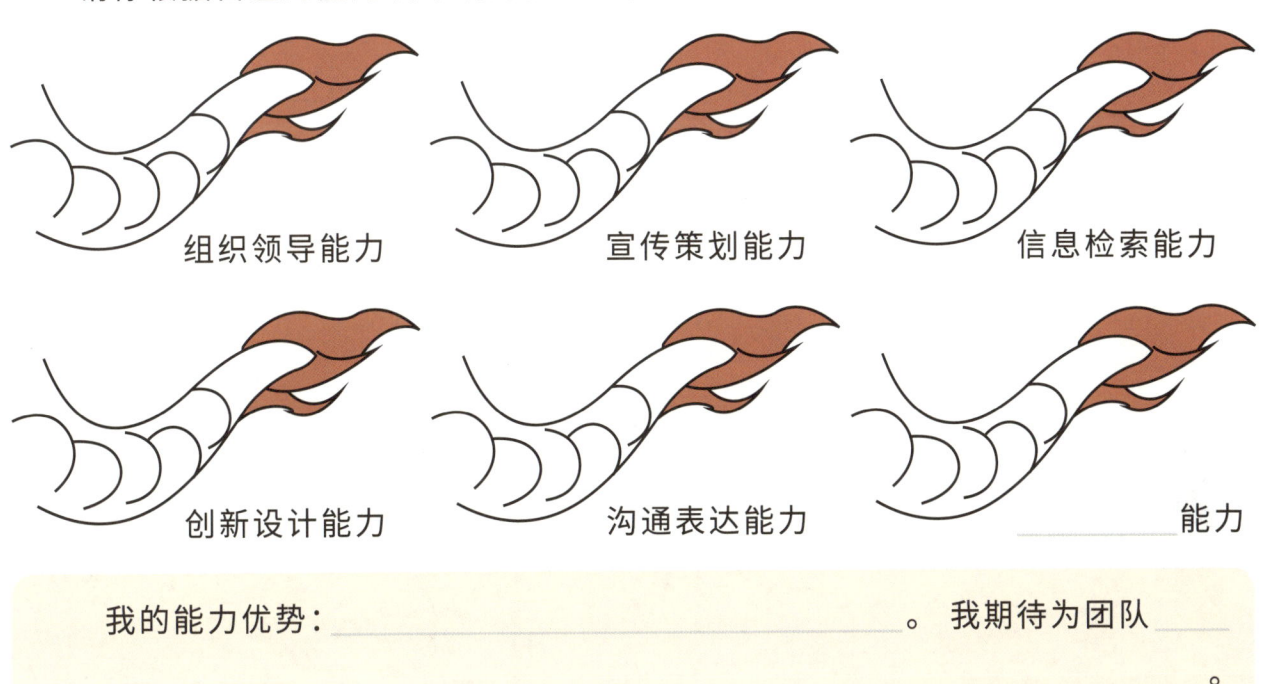

组织领导能力　　宣传策划能力　　信息检索能力

创新设计能力　　沟通表达能力　　_____能力

我的能力优势：_____。我期待为团队_____。

（二）组建"麒麟舞"探索队

由 5～6 个男女生搭配，组成一支"麒麟舞"探索队。请结合自己在团队中的特长，竞选下列职位，并对应地补充分工职责。

队长　　统筹团队的各项工作，_____。

负责做好宣传和策划设计工作，_____。　　宣传策划组长

信息管理组长　　负责资料搜集、分析，_____。

负责团队的后勤服务工作，_____。　　后勤保障组长

摄影师　　负责团队活动中的摄影，_____。

其他
_____

（三）策划团队文化

文化衫是探索队外出时用于统一形象的标识，它能够让每位队员产生强烈的归属感和认同感，请你设计一款理想的团队文化衫吧！

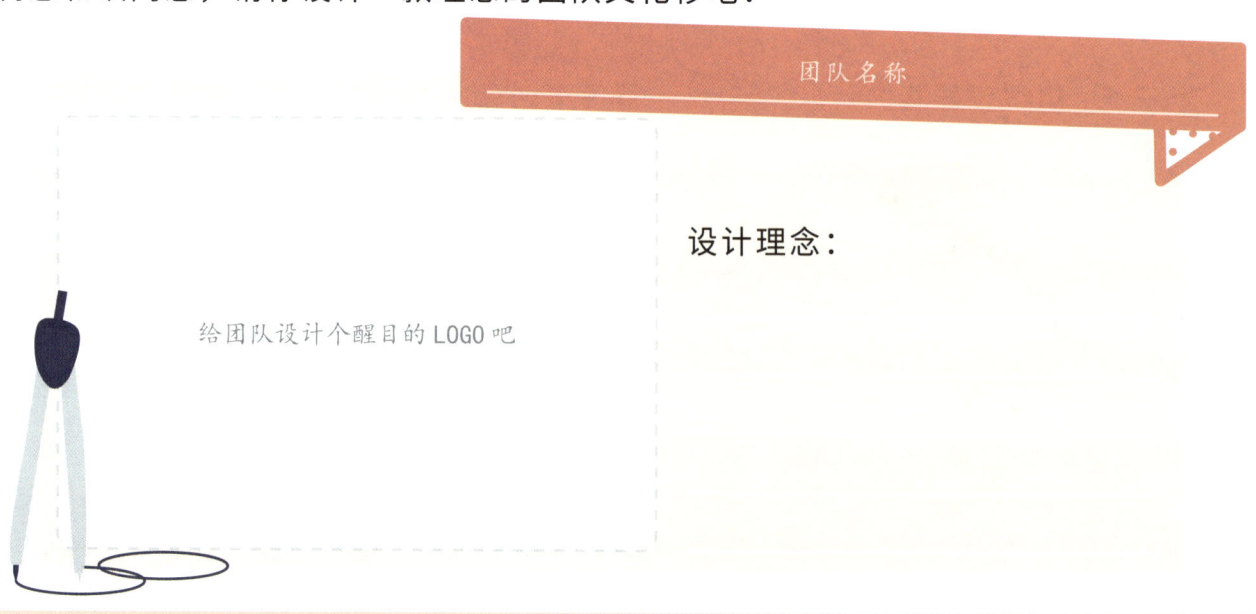

团队名称

设计理念：

给团队设计个醒目的 LOGO 吧

五感素材库：（你收集了哪些能给你带来多重感官体验的素材呢？）

舞出"麒"趣——"舞麒麟"的扎作体验

团队文化衫

你期待的文化衫长什么样子呢？

设计意图：

穿上文化衫，在团队成立之初，来张团队全家福吧！

心情札记　狂喜　愉悦　满意　☹伤心　😐生气　○_____　___年___月___日

（四）团队公约

我们是　　　团队名称　　　**麒麟舞探索队**

我们全体队员共同约定：

- 我们热爱塘厦非遗文化，我们将全面感受和体验麒麟舞的魅力。
- 我们走在宣传麒麟舞的路上，将麒麟舞文化发扬光大。
- 我们互相帮助，团结一心，遇到困难及时沟通。
- 我们认真学习麒麟舞相关知识，认真收集、整理、分析资料。
- 我们认真完成调研报告，　　　　　　　　　　　　　　　。
- 我们会感谢每一个帮助过我们的人，　　　　　　　　　　。
- 我们　　　　　　　　　　　　　　　　　　　　　　　　。
- 我们　　　　　　　　　　　　　　　　　　　　　　　　。

如果团队中有人违反以上约定，队长和其他队员会要求他/她遵守约定。

如果这名队员超过 3 次不改正，我们可以集体开会投票要求他/她离开。

团队成员签名：

指导老师签名：

日期：

开展调研

（一）"非遗"项目调研

除了塘厦镇，麒麟舞还在东莞哪些地区有传承与发展？请在相应的地区画上一只小麒麟吧。

五感素材库：　　　　　（你收集了哪些能给你带来多重感官体验的素材呢？）

除了麒麟舞以外，广东省内占据主流地位的舞蹈类"非遗"项目还有"醒狮舞""龙舞""英歌舞"等，请试着比较不同项目之间的区别，并在上面的地图中画上该舞种的代表标志。

名称	按个人熟悉程度排序（调研前对项目了解由深到浅排1～5）	分布在东莞的镇街地区	起源时间	活动寓意
麒麟舞				
醒狮舞				
龙舞				
英歌舞				
?				

（二）方法调研

我们将前往客家麒麟制作非遗传承人的工作室，通过踏实的实践，掌握传统技艺，切身感悟客家麒麟制作传统文化。请完成以下任务：

任务1：认识制作麒麟模型的工具和材料。

工具	基本原材料
锯、刀、	竹片、黄藤、薄纱、

知识加油站

麒麟模型制作是融手工、剪纸、绘画等多种艺术形式于一体的传统手工艺，一般包括制作麒麟头、麒麟被和麒麟尾三部分。佛山麒麟模型制作还包括鞋的制作。

任务2：了解麒麟模型的制作过程，并梳理清楚，以图文形式记录下来。

① 准备工具和材料
② 破竹
③
④ 定型
⑤ 糊浆
⑥
⑦ 绘图上色
⑧ 上油
⑨ 安装与修饰

五感素材库：_____（你收集了哪些能给你带来多重感官体验的素材呢？）

（三）对象调研

怎样才能将麒麟舞表演得引人入胜呢？我们将观看麒麟舞的表演，并与塘厦镇麒麟队的成员们进行面对面的交流，机会难得，请写下自己想要了解的内容。

观演调研记录表				
采访对象		联系方式		职业
采访时间		采访地点		
采访携带用具				
采访问题提纲	·表演缘由： ·表演器具： ·表演过程： ·传承问题： ·其他：			
团队参与人员				
备注				

（四）调研剪影

请通过视频和照片，记录在访谈调研过程中的精彩瞬间。

设计攻关

（一）策划案文稿

为了让我们的校园富有麒麟舞特色的文化气息，我们需要以"麒麟舞"为主题装饰这个非遗文化长廊。

首先我们需要了解麒麟的构成和寓意：

麒麟的寓意
平安吉祥、聚财富贵；《礼记》把麒麟放在"四灵之首，百兽之先"的位置。

麒麟头
前额饱满宽阔：聪明、智慧
鹿角：威武
狮眼：_____

麒麟身
鹿身：_____
虎背熊腰：_____
马蹄：_____
腿上的火焰：_____
龙鳞：_____

颜色
_____

麒麟尾
牛尾：_____

接下来请发挥想象力，把关于麒麟的元素放进长廊之中：

长廊设计图

龙头鹿角	龙鳞鹿身	牛尾

五感素材库：_____（你收集了哪些能给你带来多重感官体验的素材呢？）

（二）麒麟头创设

麒麟头色彩绚丽，是主要的视觉部分。请展开想象的翅膀，设计一个属于我们团队的麒麟头形象，届时将会置于长廊向全校师生展示。

观察麒麟的头部特色

设计一个独特的麒麟头吧

设计说明：

 东莞市塘厦镇中心小学　　青少年五感体验项目化劳育课程

（三）民主投票

请在小组内部开展民主投票，集中全小组成员的智慧，选出设计最佳的麒麟头。

| 队员名字 | 外形10分 | | 色彩5分 | 创意5分 | 总分 |
	线条流畅	表情生动	颜色搭配	（需要写出创意点所在）	（20分）

备注：大家采用5分制，看看谁的分数最高。

最佳设计

创意名称：_____

设计者：_____

设计优点：_____

改进建议：_____

_____

_____

五感素材库：_____（你收集了哪些能给你带来多重感官体验的素材呢？）

制作过程

（一）麒麟小扎作

头是麒麟的核心部位，麒麟头的颜色和神情能影响整个麒麟的气质与特点。我们将前往活动室，根据设计方案进行麒麟头纸扎制作，制作投票所选出的麒麟头。

1. 扎架

- 准备好坚韧的竹篾和竹条
- 骨架扎作
- 用黄藤、纱纸捆绑固定

2. 糊裱：用纱纸糊裱成麒麟头形

- 一层层拉平纱纸，粘在骨架上，一层晒干后，再糊另外一层

温馨提示
① 最多的地方需要糊裱12层，最少的地方也要糊裱8层，需要耐心和一丝不苟。
② 糊裱用的糨糊要用面粉等原料进行手工调制，特点是黏度高、重量轻。

3. 上色绘画

- 在纱纸上用颜料打底色
- 画上各种颜色、形状的图案
  ① 图案以花卉、纹饰为主
  ② 用色主要有红、黄、蓝、绿、黑

4. 上油

- 第一次上较稀的光油
- 第二次上较浓的光油

5. 头部修饰

- 装配2个绒球在鼻子上
- 安装眉毛、睫毛
- 粘贴反光纸

心情札记：狂喜　愉悦　满意　伤心　生气　　　　年　月　日

（二）难题攻关

在实践的过程中，我们遇到了一些突发的难题，我们利用"理性流程技术"的方法分析问题产生的原因，并及时讨论和解决这些问题。

【情景评估】
我们遇到的困难1：

过去

【问题分析】
问题产生的原因：

现在

【决策分析】
我们的处理方法：

未来

【潜在问题分析】
处理之后，我们还需要预防：

【问题分析】
问题产生的原因：

过去

【情景评估】
我们遇到的困难2：

【决策分析】
我们的处理方法：

现在

未来

【潜在问题分析】
处理之后，我们还需要预防：

【情景评估】
我们遇到的困难3：

过去

【问题分析】
问题产生的原因：

现在

【决策分析】
我们的处理方法：

未来

【潜在问题分析】
处理之后，我们还需要预防：

五感素材库：_____（你收集了哪些能给你带来多重感官体验的素材呢？）

(三) 成品测试反馈

请拿着制作好的麒麟头,找专业的麒麟队队员测试体验,让他们看看有无需改进的地方,可以拍摄一个 2 分钟的体验视频。

改进建议
_____
_____

(四) 五彩麒麟招牌

令人印象深刻的麒麟,要有一个极具吸引力的招牌。请为团队的麒麟头取一个响亮的名字,在一张白纸板上设计出有吸引力的招牌,并将它们拍摄下来。

招牌设计稿

完成后请拍摄实物

心情札记 狂喜 愉悦 满意 伤心 生气 _____ _____年___月___日

麒麟舞风采展

（一）宣传广播

我们计划在学校广播站发布有关麒麟舞的活动公告，吸引更多的师生观看和参与麒麟舞活动，将麒麟舞文化发扬光大。

广播稿大纲

亲爱的老师和同学：

大家好！校园广播站与您相约！

近期学校将开展非物质文化遗产活动，让我们的课余生活更加丰富多彩！在此，我想宣传其中一个"非遗"活动——麒麟舞风采展。麒麟舞具有极高的历史价值，是客家非物质文化遗产之一。

此次活动经过改革创新，保留了客家麒麟舞的传统精华，使我们的本土"非遗"文化得以进入校园。

此次活动有不少亮点，比如：＿＿＿＿＿＿＿＿＿＿

＿＿＿＿＿＿＿＿＿＿＿＿＿＿＿＿＿＿＿＿＿＿＿＿＿＿＿＿＿＿＿＿＿＿＿＿＿＿

＿＿＿＿＿＿＿＿＿＿＿＿＿＿＿＿＿＿＿＿＿＿＿＿＿＿＿＿＿＿＿＿＿＿＿＿＿＿

＿＿＿＿＿＿＿＿＿＿＿＿＿＿＿＿＿＿＿＿＿＿＿＿＿＿＿＿＿＿＿＿＿＿＿＿＿＿

麒麟舞风采展活动于＿＿＿＿＿＿＿＿＿，在＿＿＿＿＿＿＿＿＿＿拉开序幕，欢迎大家积极参与！

五感素材库：＿＿＿＿＿＿＿＿（你收集了哪些能给你带来多重感官体验的素材呢？）

（二）风采展示播

我们将在学校文化宣传栏上展示我们的作品，让我们把这个快乐精彩的过程记录下来吧！

（三）建议征集箱

我们设置了建议征集箱，欢迎所有体验者提出自己的感受和想法。

建议征集箱

欢迎大家留言，表达自己的看法，提出自己的建议，我们会认真倾听。

 活动总结

本次活动中，遇到挫折时，是什么支撑你坚持了下来？你从中学到了什么？	作为本次活动的小组成员，你觉得谁的表现最突出？为什么？

你觉得本次活动还有哪些地方需要改进？

我的体验反思

我的感官雷达图

（调动感官频率越高，分数越高）

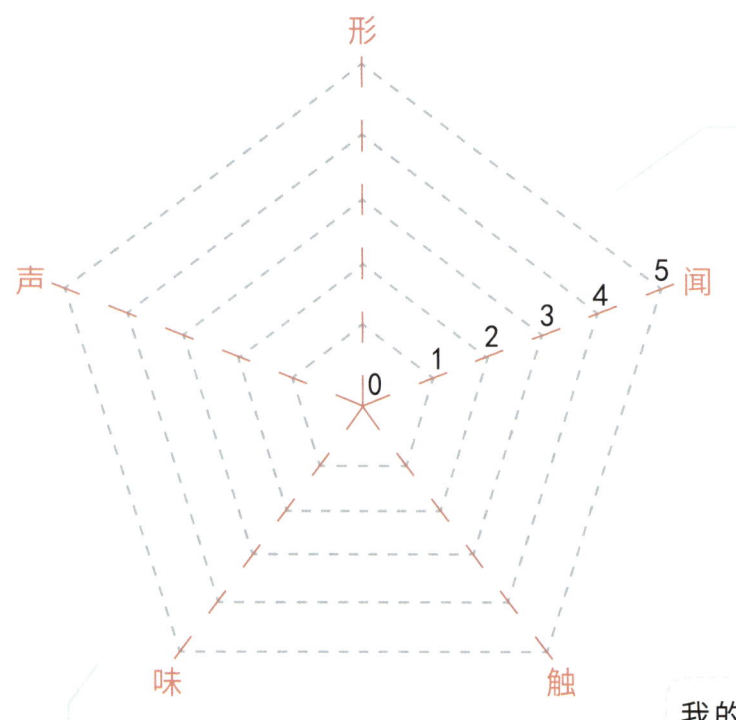

我的感官互动表现：

（1）在 ___感官___ 领域，我 _____。

（2）在 _____ 领域，我 _____。

（3）在 _____ 领域，我 _____。

我获得的美感体验：

（在该项目中，你感受到了怎样的美？是如何感受到的呢？）

我的五感创新：

（1）在 ___感官___ 领域，我做出了 _____ 的创新。

（2）在 _____ 领域，我做出了 _____ 的创新。

我的五感学习小结

+ 一个优点：

− 一个缺点：

× 一个建议：

÷ 一个困惑：

五感素材库：_____（你收集了哪些能给你带来多重感官体验的素材呢？）

塘厦品牌形象大使
——实时镜头前分享美景

你是否热爱家乡的大好河山？是否了解家乡的旅游品牌特色呢？作为"世界高尔夫名镇"和山水宜居地的塘厦，拥有巨大的旅游发展潜力。然而，由于缺乏足够的宣传，许多游客对此地并不熟悉。塘厦镇的魅力需要被更多的人欣赏和体验，才能赢得更多人的喜爱。作为塘厦品牌形象大使，我们计划研发绘制一份塘厦旅游地图，并通过直播的方式展现塘厦特色。我们将加大直播宣传推广力度，打造独特的塘厦旅游品牌，让更多的游客能在网上跟随我们的镜头，一同在塘厦进行一场别开生面的云旅游！

建立协作共同体

（一）魅力探测仪

品牌形象大使需要具备独特的魅力。要想成为一名塘厦形象大使，你认为自己具备哪些魅力呢？请你在以下的"魅力探测仪"中标明自己的能力指数，一起来探索你的魅力吧！

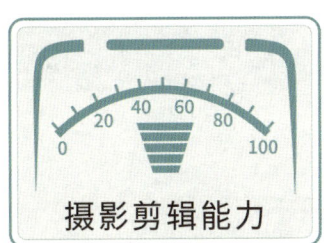
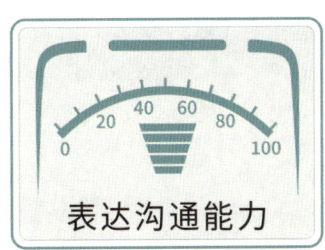
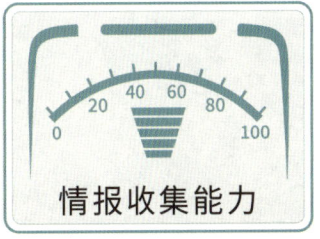
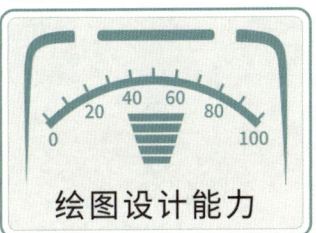
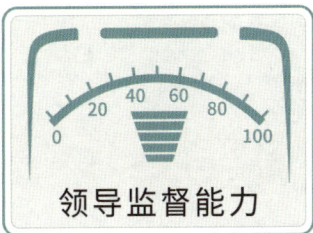
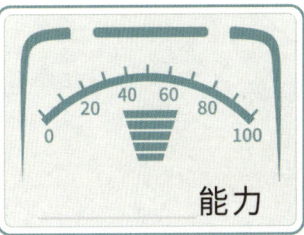

我的能力优势：_____。我期待为团队_____。

心情札记 狂喜 愉悦 满意 伤心 生气 ____ ____年__月__日

（二）组建大使团

结合塘厦镇的地方特色组建大使团，以促进经济与社会效益为目的，开展"旅游地图"开发和设计工作，每一位成员都需要对自身能力价值进行评估，以匹配最合适的岗位。

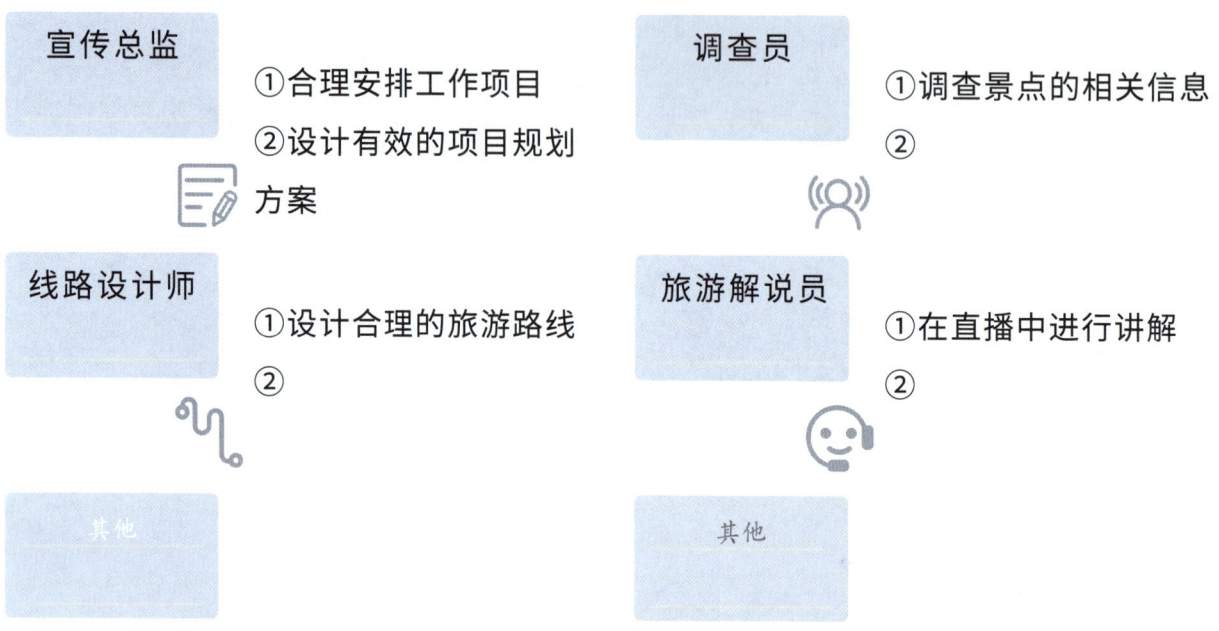

（三）文化升华站

好的团队文化能够营造良好的工作氛围，激发组员的工作热情与灵感，使成员们紧密地联系在一起。

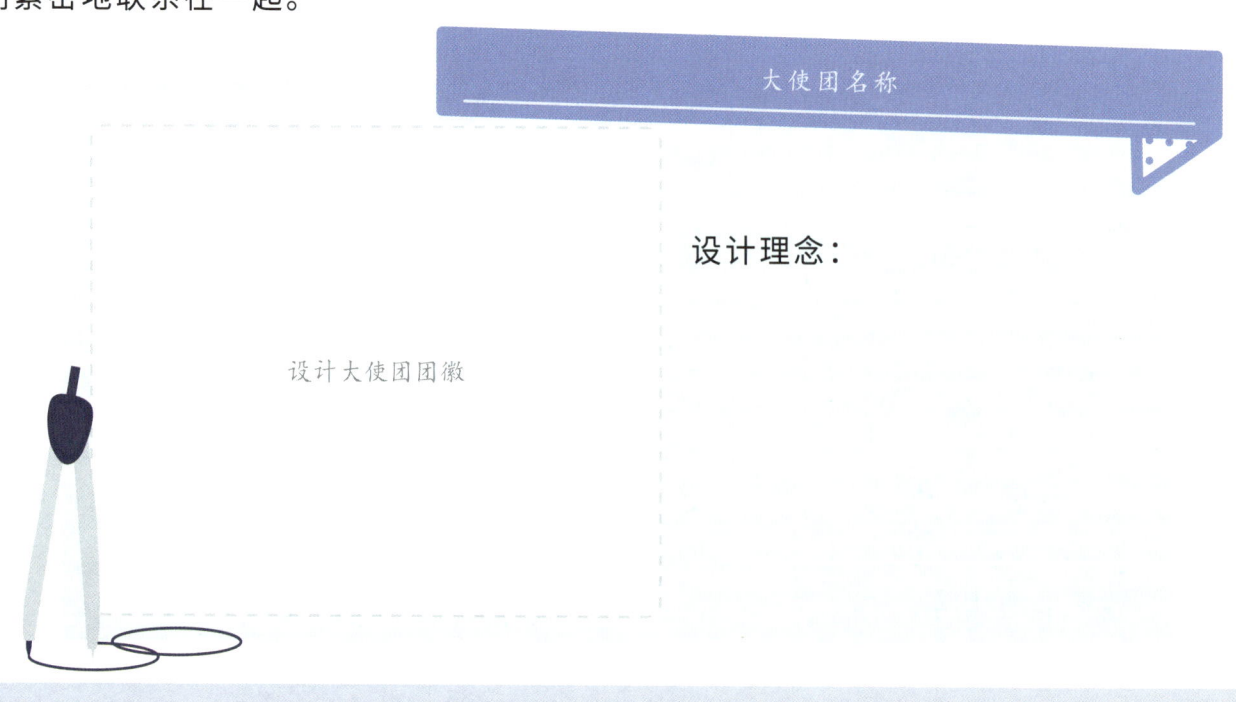

五感素材库：　　　　　　（你收集了哪些能给你带来多重感官体验的素材呢？）

塘厦品牌形象大使——实时镜头前分享美景

大使团合照

（四）正能量宣言

宣言书

　　我们团队在此立下正能量的团队宣言，我们承诺：

· 团队精神：齐心协力，共创未来，_____。
· 目标追求：让更多的人认识、了解和走近塘厦，_____。
· 责任影响：努力为塘厦创造积极的影响，_____。
· 价值效益：推动塘厦的经济发展，_____。
· 人文核心：关注旅客的体验感受，宣扬塘厦文化，_____。
· _____：_____。
· _____：_____。

团队成员签名：_____
指导老师签名：_____
日期：_____

心情札记　 □狂喜　 □愉悦　 □满意　 □伤心　 □生气　 _____　_____年___月___日

开展调研

（一）本土特色调研

在开发塘厦旅游地图之前，成员们需要了解塘厦镇的特色所在，依据塘厦镇的主打特色和出名景区，充分展示塘厦的独特魅力。

塘厦镇称号	塘厦镇对应景点	特色意义	备注
中国高尔夫产业名镇	高尔夫球会会所、高尔夫公众球场、高尔夫培训基地		
区域休闲旅游中心	塘厦美食街、塘厦观光公园		
山水宜居地区	大屏障森林公园、崖山公园		
文化教育强镇	城市展示馆、大钟岭艺术浮雕墙	形成以电子信息、电源电池、家用电器为特色的现代工业体系	
现代制造业重镇			

五感素材库：＿＿＿＿＿＿（你收集了哪些能给你带来多重感官体验的素材呢？）

塘厦品牌形象大使——实时镜头前分享美景

（二）景点位置调研

设计旅游线路之前，成员们需要对塘厦主要景点的地理位置有大致的了解，请成员在地图中标注出以下旅游景点的位置。

东莞观澜湖高尔夫球会会所

大屏嶂森林公园

临深新一代电子信息产业基地

塘厦花园街

请填写一个景点并标注在地图上

（三）直播工具调研

在旅游直播的过程中，团队会运用到哪些直播工具呢？请将想到的工具写下来，并讨论这些工具的使用特点。

工具名称	两部手机
使用特点	一部用来直播，一部备用
注意事项	

工具名称	通信网络
使用特点	
注意事项	

工具名称	耳机
使用特点	
注意事项	

工具名称	手机支架
使用特点	
注意事项	

心情札记　狂喜　愉悦　满意　伤心　生气　_____　_____年___月___日

（四）居民想法调研

为了更好地了解人们对塘厦旅游发展的看法，并为下一步绘制旅游地图做准备，请小组成员随机访谈 5 位塘厦本地居民或已在塘厦生活多年的居民，同时注意差异化地选取不同性别、年龄、职业等背景的用户作为调研对象，以提高调研数据的全面性。

调研提纲		您认为塘厦最有代表性的景点有哪些？	您认为目前塘厦的旅游景点有哪些方面需改进？	
性别： 年龄： 职业： 其他特征：				
性别： 年龄： 职业： 其他特征：				
性别： 年龄： 职业： 其他特征：				
性别： 年龄： 职业： 其他特征：				
性别： 年龄： 职业： 其他特征：				

温馨提示

准备提纲灵活提问，仪态大方举止得体，专注倾听及时反馈，巧妙引导调节气氛，适当运用肢体语言，控制时长把握节奏，平等对话尊重隐私，表示感谢礼貌道别。

五感素材库：_____（你收集了哪些能给你带来多重感官体验的素材呢？）

塘厦品牌形象大使——实时镜头前分享美景

设计攻关

（一）旅游直播策划

在旅游直播之前，需要准备好直播脚本，以便于确定直播的主题和流程，让直播更有导向性。

直播脚本		
直播时间段	主播介绍	内容提纲
☐ 7:00—10:00 通勤时间 ☐ 12:00—14:00 午休时间 ☐ 19:00—24:00 高峰时间 其他时间段： ☐ _____	① 自我介绍不超过 30 秒 ② 主题介绍 ③ 产品介绍	① 拍摄沿途风光 ② 直播间重点展示和介绍旅游景点 ③ _____ ④ _____
直播主题		
现场互动	① 主动询问直播间观众的需求 ② _____	

（二）旅游地图绘制

1. 团队成员将对选中的景点绘制旅游路线，后期直播时将会重走我们绘制的旅游路线，因此要考虑旅游景点之间的实际情况。指导老师将在地图上标注景点，并在景点之间连线。

景点确认
（请按照路线先后顺序在☐内标上序号）

☐ 东莞观澜湖高尔夫球会会所

☐ 大屏嶂森林公园

☐ 临深新一代电子信息产业基地

☐ 塘厦花园街

☐ _____

2. 旅游线路是指根据游客的心理需求和体能状态，通过交通路线将景点、服务点、交通节点等合理地串联起来的行程安排。请在刚刚连好线的地图上规划旅途中的交通方式，并仔细考虑哪种交通方式更合理。

某景点—某景点	两点之间的距离	交通方式	出行时间	理由
观澜湖高尔夫球会会所—大屏嶂森林公园	2km	骑行	10分钟	两个景点之间相隔不远，周边山水秀丽，空气清新，适合骑行感受自然和放松

（三）提出合理议题

团队采用5分制，给团队成员绘制的旅游地图打分，并对分数最高的旅游地图进行完善。

旅游地图设计者	亮点创意	颜色搭配	塘厦特色挖掘度	总体观感	总分（20分）
	☆☆☆☆☆	☆☆☆☆☆	☆☆☆☆☆	☆☆☆☆☆	
	☆☆☆☆☆	☆☆☆☆☆	☆☆☆☆☆	☆☆☆☆☆	
	☆☆☆☆☆	☆☆☆☆☆	☆☆☆☆☆	☆☆☆☆☆	
	☆☆☆☆☆	☆☆☆☆☆	☆☆☆☆☆	☆☆☆☆☆	
	☆☆☆☆☆	☆☆☆☆☆	☆☆☆☆☆	☆☆☆☆☆	
	☆☆☆☆☆	☆☆☆☆☆	☆☆☆☆☆	☆☆☆☆☆	

备注：大家采用5分制，给每一项产品打分，看看谁的分数最高。

五感素材库：_____（你收集了哪些能给你带来多重感官体验的素材呢？）

塘厦品牌形象大使——实时镜头前分享美景

选定方案

创意：_____

设计优点：_____

_____

改进建议：_____

_____

开播直击

（一）直播测试

为了更详细地展示景点风貌，每个团队需要选择一个地点进行直播。为保证直播顺利进行，直播前团队成员们要先进行直播测试，记录测试结果，并解决测试时遇到的问题。

检查1：设备检测
· 手机电量充满能够用（　　）小时。
· 充电宝电量充满能够用（　　）小时。

检查2：网络检测
· 手机播放视频是否卡顿？（很卡 / 较卡 / 流畅）
· 手机流量加载网页速度（　　）秒钟。

检查3：效果检测
一部手机用以直播，另一部手机进入直播间进行效果检测。
· 用耳麦在直播间说话,效果检测方是否听得清楚？（不清楚 / 较清楚 / 清楚）
· 用流量进行直播，网络是否断断续续？（很卡顿 / 较卡 / 流畅）
· 手机直播间的光线（较暗 / 较亮）。

（二）直播预热

为了达到更好的直播宣传效果，请成员们为直播做好预热，可以通过发朋友圈等线上渠道宣传方式提高人气。请把团队选择的景点和宣传文案写在下方。

心情札记　狂喜　愉悦　满意　伤心　生气　_____　_____年___月___日

我们团队选择 _____ 景点作为直播的旅游地点，我们利用线上渠道宣传我们的旅游直播。

首先，我们选择 _____ 景点的图片在朋友圈进行宣传，相应的文案为：

朋友圈宣传的截图

设计好的海报

其次，我们设计了直播海报，并把海报发到微信群里进行宣传，相应的文案为：

五感素材库：_____（你收集了哪些能给你带来多重感官体验的素材呢？）

（三）难题攻关

为了确保直播顺利进行，在开播之前，请预测直播过程中可能会出现的问题，采用"逆向思维法"分析结果来源，并做好相应的预防措施。

不希望出现的结果	造成的原因	预防的措施
①直播设备电量不足	①设备耗电量大，直播时间久	①备好充电器和移动电源

逆推 → 　　　　← 逆推

（四）文案制定

请提前准备好直播的表达文稿，以便直播过程更加顺利。

直播标题	想一个具有吸引力的标题吧
开头语	大家好，欢迎来到东莞塘厦的＿＿＿＿＿＿景点直播间，
抓住人们的需求	示例：城市繁忙的生活让人压抑，你是否还在为找不到放松的地方而感到烦扰？而我所在的大屏嶂森林公园便是短暂逃离城市、放松身心的好去处……
突出强调该景点的亮点	
移步换景，详细介绍	
结束语	

心情札记： 狂喜 愉悦 满意 伤心 生气 ＿＿＿　＿＿＿年＿＿月＿＿日

（五）直播间记录

我们将前往所选的景点进行直播，并记录下直播过程。

环节1：实地移动式直播

景点名：_____

摄影师随着讲解员一起拍摄现场，让观众一起云旅游。

环节2：采访游客

随机采访景区里的游客，进行相关提问，比如：该景点最吸引你的一点是？

问题①：_____
问题②：_____
问题③：_____

环节3：_____

_____
_____
_____

环节4：_____

五感素材库：_____（你收集了哪些能给你带来多重感官体验的素材呢？）

塘厦品牌形象大使——实时镜头前分享美景

直播达人秀

　　成员们带着自己团队的直播视频前来展示团队成果，同学和老师们将扮演游客的角色进行体验，并通过倾听宣讲和观看直播回放，对其进行投票。

宣讲稿

各位朋友：

　　大家好！

　　我是_____团队的宣讲人_____，我们的直播主题是_____，我们在____时间____的____地点____进行了直播。

　　在直播前，我们做了许多准备，比如搜集资料和实地调研。我们投票选出了_____设计的旅游地图，并选择了地图中的_____景点作为我们的直播旅游景点。直播过程包括四个环节，分别是_____

_____

_____，大家请看我们的直播回放。【挑选部分直播片段进行播放】

　　其中，我们团队的直播优势在于_____，我们创新的地方在于_____，凸显了我们团队的特色。

　　以上就是我们团队的直播宣讲，请大家为我们投上宝贵的一票，谢谢大家！

展示团队旅游地图

跟随演讲播放我们的直播视频

心情札记　狂喜　愉悦　满意　伤心　生气　

在大家观看各团队的直播的同时，请不要忘了为心仪的直播视频投票。一人两票，请在你认为值得自己学习的团队中投出选票。

奖项	评分标准（团队成员共同商议补充其他的奖项和标准）	获奖团队
最美拍摄奖	①拍摄技巧高，直播画面清晰 ②直播画面视野开阔，重点突出	
最佳解说奖	①解说词有趣生动 ②	
最佳互动奖	①互动热度高，直播间点赞和评论数量大 ②	
最佳热门奖	①转发数量多，关注人数多 ②	
最佳＿＿＿	① ②	

大家观看每个团队的直播的同时，不要忘了为心仪的直播视频投票。一人两票，请在值得我们学习的团队中投出选票。

1. 愉悦感（happiness）

   在直播过程中，遇到了很多有趣的事情，比如＿＿＿＿＿＿＿＿＿＿＿＿＿＿＿＿＿＿＿＿＿＿＿＿＿＿＿。

2. 参与度（engagement）

   执行任务时，你觉得成员＿＿＿＿＿的合作意识最强，参与热情最高，因为：＿＿＿＿＿＿＿＿＿＿＿＿＿＿＿＿＿＿＿＿＿＿＿＿＿＿＿。

3. 接受度（adoption）

   直播测试时，你觉得检查最仔细的成员是＿＿＿＿，具体表现在：＿＿＿＿＿＿＿＿＿＿＿＿＿＿＿＿＿＿＿＿＿＿＿＿＿＿＿。

4. 留存率（retention）

   直播时，我们发现有＿＿＿位观众长时间停留在直播间，积极与我们互动，我认为＿＿＿＿＿＿＿＿＿＿能够加大观众的留存率。

5. 任务完成度（task success）

   直播时，我们遇到了大大小小的难题，请为直播成果打分＿＿＿（1～10分），提升的空间表现在＿＿＿＿＿＿＿＿＿＿＿＿＿＿＿＿＿＿＿＿＿＿＿＿＿。

五感素材库：＿＿＿＿＿＿＿＿（你收集了哪些能给你带来多重感官体验的素材呢？）

塘厦品牌形象大使——实时镜头前分享美景

我的体验反思

我的感官雷达图

（调动感官频率越高，分数越高）

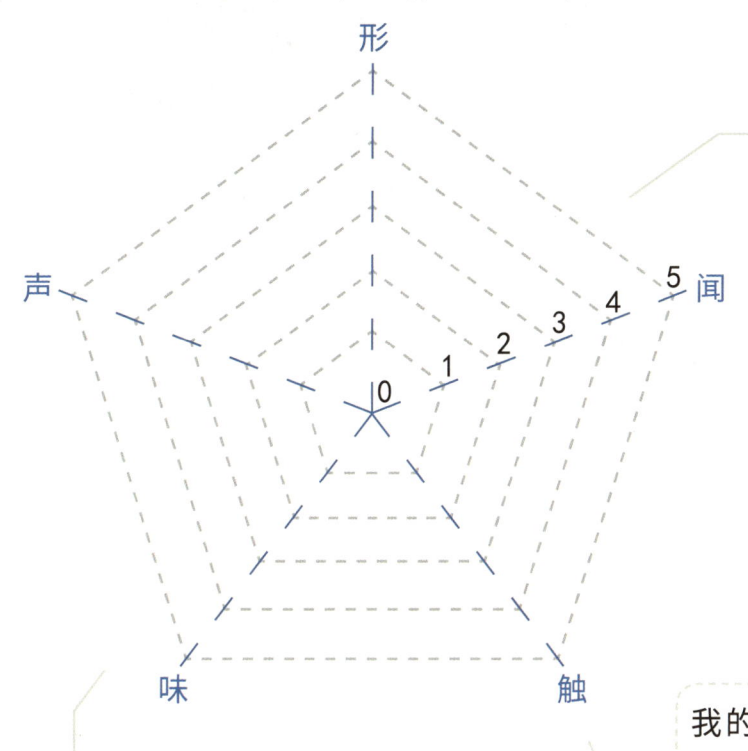

我的感官互动表现：

（1）在 ___感官___ 领域，我 _____
_____
_____。

（2）在 _____ 领域，我 _____
_____
_____。

（3）在 _____ 领域，我 _____
_____
_____。

我获得的美感体验：
（在该项目中，你感受到了怎样的美？是如何感受到的呢？）
_____
_____

我的五感创新：

（1）在 ___感官___ 领域，我做出了 _____
_____ 的创新。

（2）在 _____ 领域，我做出了 _____
_____ 的创新。

我的五感学习小结

 一个优点：

 一个缺点：

✖ 一个建议：

➗ 一个困惑：

心情札记　狂喜　愉悦　满意　伤心　生气　____　____年__月__日

"非遗"联欢奇妙日
——塘厦文化展演会策划体验

非物质文化遗产对于一个国家而言,是其历史的记载、民族的代表,更是灵魂的象征。塘厦的历史文化蕴含着丰厚的精神底蕴,却逐渐被时代的潮流所冲淡。学校计划举办年度展演会,希望通过"近距离观看,体验式观摩",呈现一场具有传统韵味的文化盛宴,让新一代的塘厦人不忘根本,更加认同本土文化,并能在欢庆中将塘厦文化发扬光大。那么,怎样的策划案会被学校采纳呢?现在,我们即将开始秘密策划这场"非遗"文化展演!

建立协作共同体

(一)能力鉴别图

请在名片中填入相应的信息,定位自己能力,展示自己特点。

| 姓名 |
| 性别 |
| 我的名言 |

我的技能点

个人自画像

组织协商能力	设计创新能力	信息搜集能力
☆☆☆☆☆	☆☆☆☆☆	☆☆☆☆☆
动手操作能力	___能力	___能力
☆☆☆☆☆	☆☆☆☆☆	☆☆☆☆☆

五感素材库:  (你收集了哪些能给你带来多重感官体验的素材呢?)

（二）组建策划团队

本次活动的主要目标是设计塘厦"非遗"文化主题联欢演出。请同学们以 6～8 人为一组，组建策划团队吧。

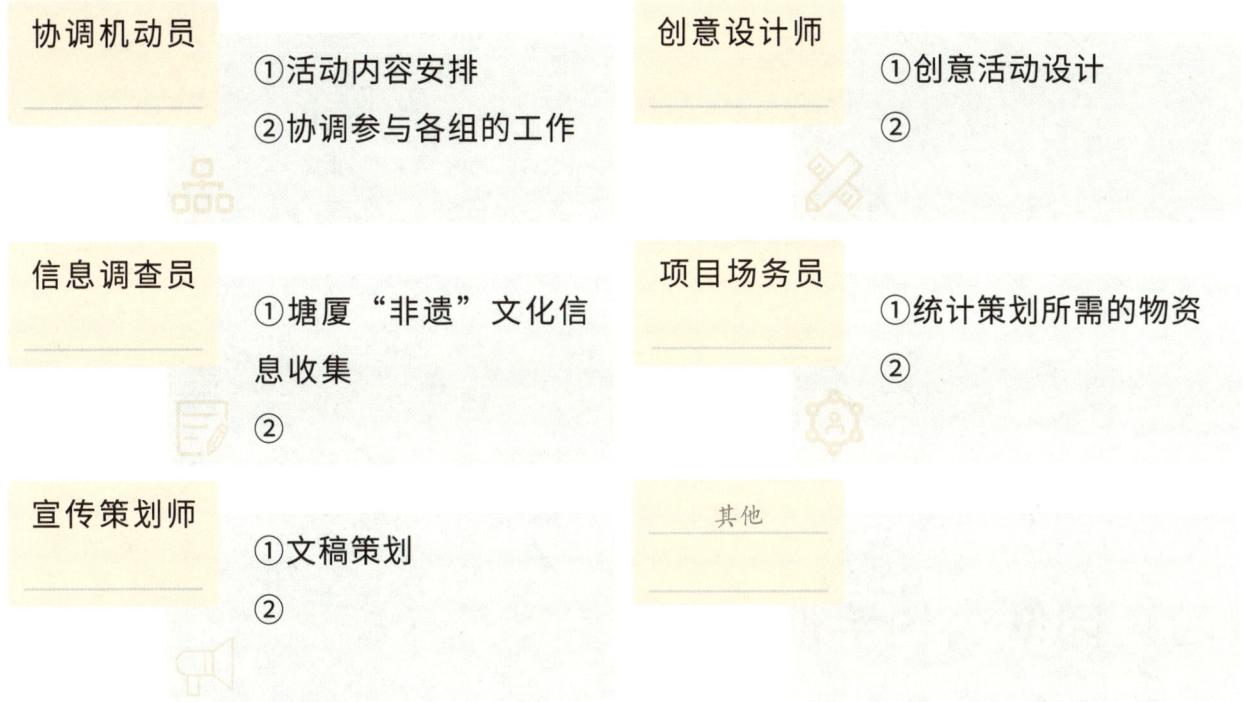

协调机动员	①活动内容安排 ②协调参与各组的工作
创意设计师	①创意活动设计 ②
信息调查员	①塘厦"非遗"文化信息收集 ②
项目场务员	①统计策划所需的物资 ②
宣传策划师	①文稿策划 ②
其他	

（三）策划团队文化

在接下来的活动中，我们要时刻与自己的团队保持密切联系，对我们来说，队员就像家人一样，请设计属于自己团队的文化，打造独特的团队理念。

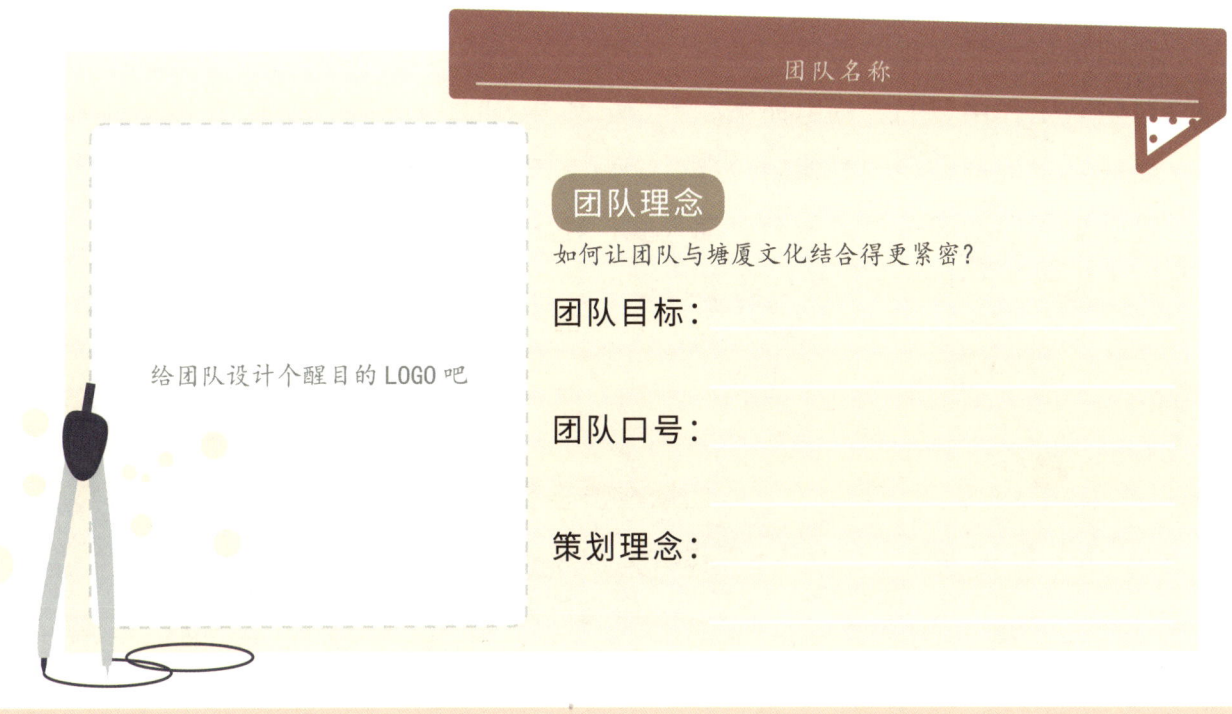

团队名称

给团队设计个醒目的LOGO吧

团队理念
如何让团队与塘厦文化结合得更紧密？

团队目标：

团队口号：

策划理念：

团队全家福

（四）团队公约手册

家有家规，队有队纪，我们共同商讨，制定出一份合理的纪律手册，并约定将遵照手册开展活动。

理念：传播塘厦"非遗"文化，发扬客家文化，_____。

目标：我们将以展示和宣传塘厦文化为目标，完成此次项目。

约定：

· 我们热爱塘厦文化，尊重"非遗"历史，_____。

· 在团队工作中我们会竭尽所能，_____。

· 面对突发问题，我们要保持冷静，努力克服困难，_____。

· 设计出人们喜闻乐见的舞台表演形式，独出心裁且通俗易懂，_____。

· 以人为本，以提高人们的体验度和参与度为目标，_____。

·

·

团队成员签名：_____

指导老师签名：_____

日期：_____

开展调研

（一）智囊团应援

每个团队可以邀请 1～3 位相关领域的老师、家长或者工作人员来组建智囊团，向他们请教演出策划的相关事宜。

姓名：	姓名：	姓名：
身份：	身份：	身份：
联系方式：	联系方式：	联系方式：
指导内容：	指导内容：	指导内容：
我学会了什么：	我学会了什么：	我学会了什么：

（二）工具百宝箱

展演会需要一些基本的工具和设备，让我们思考一下本次演出所需的器具，并提前做好准备。

名称	数量	操作要求	备注
无线麦克风	5	①可进行蓝牙连接，便于携带 ②降噪，收音效果好	留两个麦克风备用
舞台灯		①提前在电脑上设置好舞台灯光的变化路线 ②	
摊位			
工作人员的酒水食品			
指示牌			

心情札记　狂喜　愉悦　满意　伤心　生气　◯_____　___年___月___日

（三）"非遗"亮点调研

我们需要了解东莞非物质文化遗产的特点，并熟悉它们的特色。请同学们根据自己的理解将下列描述与四个文化名称选项进行连线配对。

首创人林耀桂

"过大礼"需要用到的工艺品

人们打着火把、扛着板凳，汇集在歌场上

以意导形，攻守合一，
沉踭落膊，气沉丹田，
三尖相对，三力相通

中国明代宫廷舞蹈表演，
南明灭亡时流传于民间。

《谷穗笑他矮姑娘》
《千年松柏万年青》

客家山歌　　　龙形拳　　　麒麟舞　　　盒篮编织

（四）观众调研

观众对于"非遗"文化主题的展演会有什么期望和建议呢？我们不妨来听听看。

姓名：	姓名：	姓名：
身份：	身份：	身份：
期望：	期望：	期望：
建议：	建议：	建议：
备注：	备注：	备注：

五感素材库：_____（你收集了哪些能给你带来多重感官体验的素材呢？）

（五）调研剪影

请通过视频和照片，记录在访谈调研过程中的精彩瞬间。

设计攻关

（一）场馆专区设计

展演会的场地划分为五个展区，我们需要为每个区域起一个独特的名字。

体验区

演出舞台区

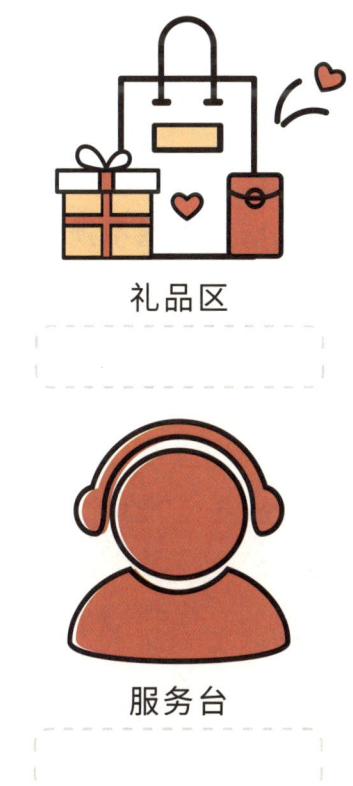

礼品区

集市区

服务台

（二）活动设计

每个展区都需要设计相关的活动，让人们在参与活动中感受"非遗"文化的魅力。

场馆专区	专区活动	具体开设活动
体验区	人们需要凭借"入场券"参与展演会的体验打卡活动，每体验一个活动就可以集1个印章，集齐4个或以上的印章，可以到礼品区换取展演会的惊喜礼品	①用轻黏土捏麒麟模型的形状 ②盒篮编织 ③学习龙形拳其中一招 ④ ⑤ ⑥
舞台	各类表演	
集市区	内含大量的周边产品，比如麒麟钥匙扣、客家山歌经典CD、盒篮工艺品等，还有特别的纪念品	售卖"非遗"产品及其衍生产品，人们可以在此挑选自己心仪的商品
服务台	咨询专区	
礼品区	集齐≥4个印章可兑换小礼品	

（三）人员设置

我们需要确定联欢日当天演出的节目顺序，合理安排人员和分工。

人员	职责	备注
礼仪指引员	①指引观众找到自己的位置入座，发放投票器、荧光棒 ②	
音频设备员	①后台人员调试设备，专门放音乐控制LED屏幕的工作人员提前把音乐顺序排列好 ②	
催场人员	①提前2~3个节目提醒演员候场准备 ②	
主持人	①排练报幕流程，熟悉主持稿，做好与观众的互动 ②	
机动人员	①实时留意现场情况，第一时间解决突发问题 ②	

五感素材库：_____（你收集了哪些能给你带来多重感官体验的素材呢？）

"非遗"联欢奇妙日——塘厦文化展演会策划体验

制作过程

（一）策划案文稿

活动主题		
活动时间		
活动地点		
预期效果	通过 _____ ，达到 _____ 的效果。	
区域与活动配置（请写出该区域要举办的活动）	体验区	
	舞台	
	集市区	
	服务台	
	礼品区	

心情札记　狂喜　愉悦　满意　伤心　生气　_____　____年__月__日

（二）难题攻关

在讨论并制定策划方案的过程中，我们发现了许多之前未考虑到的问题，并借助团队讨论中的工具来清除障碍，帮助我们进行有效预设，以做出更佳的决策。

哪些障碍会令我们走向错误的方向，或阻碍我们，引发突然的改变呢？	针对每一个障碍，我们可以采取怎样的行动呢？（请运用3W1H法则进行设想：做什么、怎么做、谁去做、何时）
音乐播放卡断，导致演出时间延长	检查音乐设备，准备两套音乐播放方案，播放音乐的工作人员需要随时关注音乐设备的情况，若再次出现意外，立即更换设备或者实行B计划

（三）体验内测

将自己代入游客角色，预设游客的感受，通过体验客家山歌、麒麟舞、龙形拳和盒篮编织等主要的"非遗"文化，获得更多的改进灵感。

五感素材库：_____（你收集了哪些能给你带来多重感官体验的素材呢？）

"非遗"联欢奇妙日——塘厦文化展演会策划体验

1. 请你画出你心目中的麒麟

2. 请你设计一个与客家山歌有关的文创产品

| 心情札记 | 狂喜 | 愉悦 | 满意 | 伤心 | 生气 | ____ | ___年__月__日 |

3. 利用长纸条编织一个简单的纸篮子

需要准备：心形图案、卡纸、剪刀、胶水（推荐使用热熔胶）、尺子。

在卡纸上剪出一个爱心形备用。

准备三种颜色的纸张，将纸张切成2.5厘米宽的长条。

围绕心形卡纸的一侧放置10条14厘米的长条。如果您使用多种颜色，请将它们交替使用。

请确保每条纸条从心形卡纸的侧面伸出，垂直于边缘，这将使编织过程更容易，使成品更好看。将每条纸条的最末端粘在心形卡纸上，然后在另一侧重复这个过程。

取一条28厘米的纸条，开始将其编织到篮子的一侧。调整它以使其与心形相配，并将底端粘到另一侧的最后一个垂直部分。向后折叠剩下的一点，然后将其粘贴到右上方的垂直部分。围绕心形，粘贴一圈。

在心形另一侧，拿出纸条重复此操作。

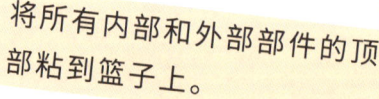

将所有内部和外部部件的顶部粘到篮子上。

取两条纸条，在每一侧沿着顶部内侧黏合一条，从末端修剪多余的部分。

最后，添加手柄。将两条纸条的末端粘在一起，放入篮子中，然后确定你想要的位置，将其黏合到位。

五感素材库：_____（你收集了哪些能给你带来多重感官体验的素材呢？）

"非遗"联欢奇妙日——塘厦文化展演会策划体验

成品图

策划案亮相会

为了让大家更好地了解我们的策划方案,我们派出一位演说人员进行宣讲拉票。

宣讲稿

各位朋友:

  大家好!感谢各位在百忙之中抽出时间来参加此次的"非遗"文化联欢演出,我们是_____策划团队。此次联欢演出的主要目的是_____,主题是_____。

  为了能够给大家带来更深刻的文化体验,我们独出心裁地设计了以下的联欢演出策划方案,内容是:_____
_____。

  我们的策划亮点在于:_____
_____。

  最后,感谢大家的聆听。"非遗"文化的精神是_____
_____。希望通过观看此次演出,大家能够体验到"非遗"文化的魅力。希望大家能为我们的策划方案投上一票,谢谢大家!

心情札记　狂喜　愉悦　满意　伤心　生气　_____ ___年__月__日

东莞市塘厦镇中心小学 —— 青少年五感体验项目化劳育课程

我们还需要设计出别具一格的邀请函,吸引更多的关注。

各团队带着自己的策划案到学校舞台进行展示,记录员及时做好拍摄记录。

五感素材库:_____(你收集了哪些能给你带来多重感官体验的素材呢?)

"非遗"联欢奇妙日——塘厦文化展演会策划体验

现在我们进行策划方案的民主投票,每人有 2 票,可以弃权,请投票选出 2 个自己认为最优秀的策划案,并写下自己的投票理由。

我为_____团队的策划案投上一票,理由是:
① _____
② _____
③ _____

同时,我也认为该团队的策划案有可以改进的地方:
① _____
② _____

我为_____团队的策划案投上一票,理由是:
① _____
② _____
③ _____

同时,我也认为该团队的策划案有可以改进的地方:
① _____
② _____

通过票数统计,最终,进入前三名的团队有:
① _____ ② _____ ③ _____

通过参与此项目,大家一定有不少收获,请写出你认为最大的收获。
_____
_____

作为此项目的小组成员,在了解了非物质文化遗产以后,你觉得自己从中学到了"非遗"文化的什么精神?有什么是你想要传承并发扬的?
_____
_____

★★ 自我评价 ★★

| 对非遗文化的认知程度 | 对非遗文化的喜爱程度 | 对自己舞台表演的满意度 |
| ☆☆☆☆☆ | ☆☆☆☆☆ | ☆☆☆☆☆ |

· 通过参与这个项目,大家一定都有不少收获,请各自写下自己认为最重要的收获。
_____
_____

心情札记 狂喜 愉悦 满意 伤心 生气 ____ ____年__月__日

我的策划体验反馈箱

每一项工作都需要经过计划（plan）、实施计划（do）、检查计划（check）、对计划进行改善处理（act）这样四个阶段。体验策划之后，我们可以借助PDCA这个有效控制管理过程和工作质量的工具来进行回顾与反思，以便今后在同类的活动策划工作中进一步提升效率，使我们的思想方法和工作步骤更加条理化、系统化、图像化和科学化。

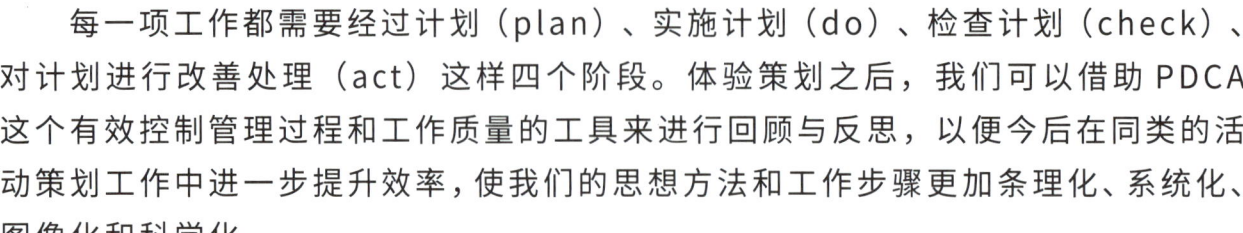

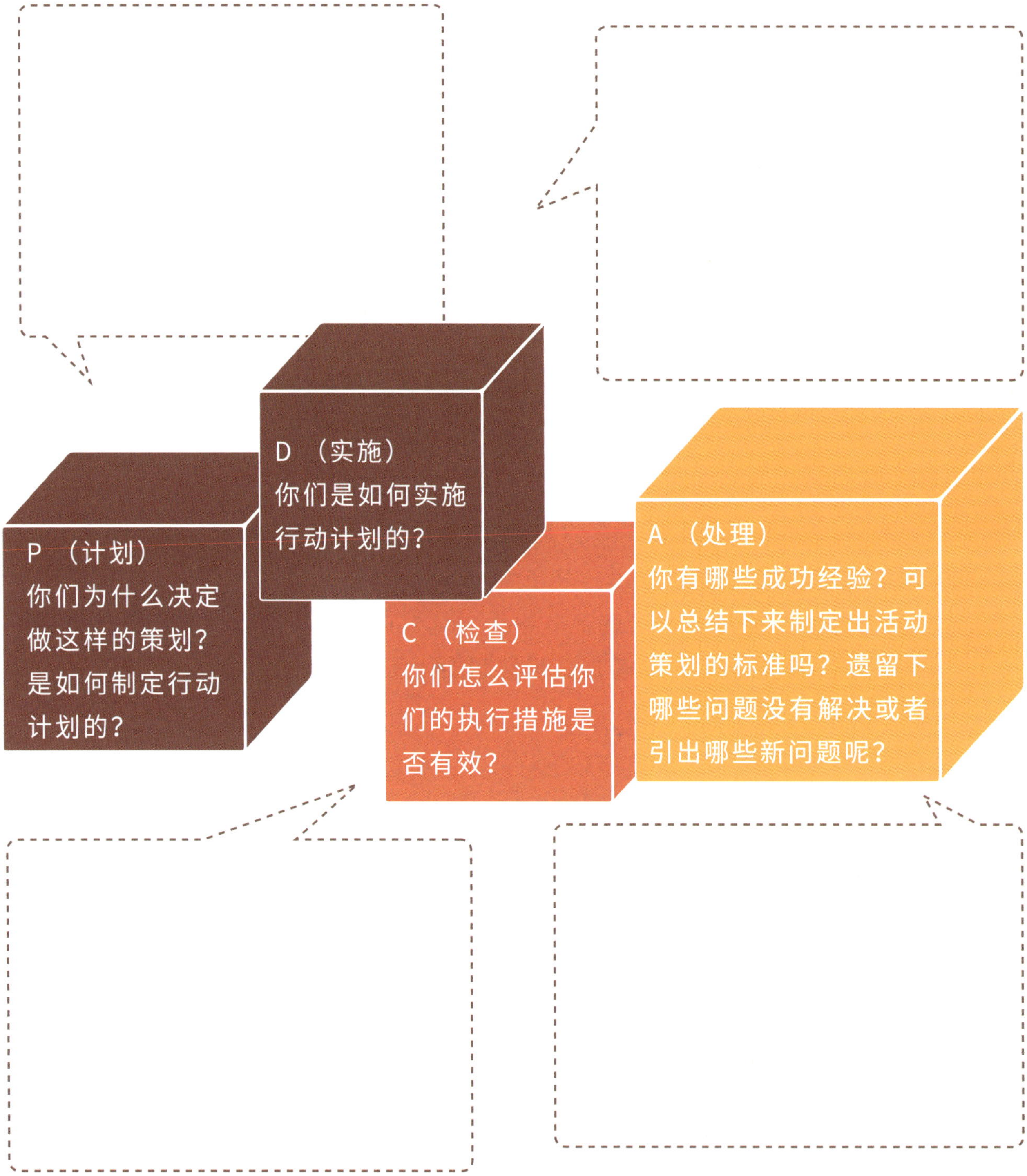

P（计划） 你们为什么决定做这样的策划？是如何制定行动计划的？

D（实施） 你们是如何实施行动计划的？

C（检查） 你们怎么评估你们的执行措施是否有效？

A（处理） 你有哪些成功经验？可以总结下来制定出活动策划的标准吗？遗留下哪些问题没有解决或者引出哪些新问题呢？

五感素材库：_____（你收集了哪些能给你带来多重感官体验的素材呢？）

"非遗"联欢奇妙日——塘厦文化展演会策划体验

我的感官雷达图

（调动感官频率越高，分数越高）

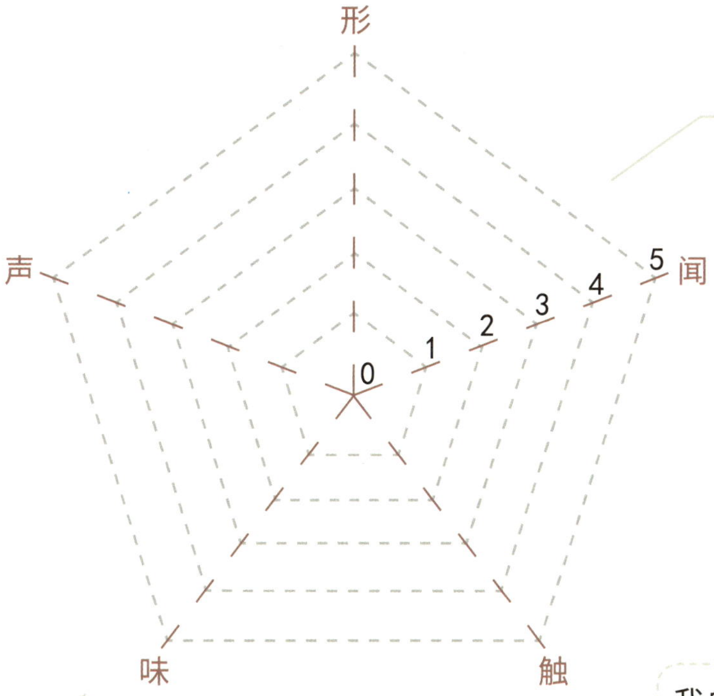

形
声
闻
味
触
0 1 2 3 4 5

我的感官互动表现：

（1）在 ___感官___ 领域，我 _____。

（2）在 _____ 领域，我 _____。

（3）在 _____ 领域，我 _____。

我获得的美感体验：

（在该项目中，你感受到了怎样的美？是如何感受到的呢？）

我的五感创新：

（1）在 ___感官___ 领域，我做出了 _____ 的创新。

（2）在 _____ 领域，我做出了 _____ 的创新。

我的五感学习小结

➕ 一个优点：

➖ 一个缺点：

✖ 一个建议：

➗ 一个困惑：

心情札记　狂喜　愉悦　满意　伤心　生气　_____ ____年__月__日